나는 심리치료사입니다

Letters to a Young Therapist
By Mary Pipher

나는 심리치료사입니다

Letters to a young therapist

메리 파이퍼

안진희 옮김

좋은 심리치료는 마음의 풍경을 바꿔야 합니다

위고

일러두기

- 모든 내담자들의 이름과 인적 사항은 내담자의 비밀 보장과 보호를 위해 재구성했습니다.

✽

서문

저는 1972년에 첫 내담자를 만났습니다. 알코올의존증 가정 출신의 젊은 여성 노숙자였습니다. 샬럿은 마치 죄를 지은 사람처럼 쭈뼛거리며 대학교 부설 무료 심리상담실로 걸어 들어왔습니다. 이후 우리는 매주 한 번씩 만나서 그녀의 외롭고 혼란스러운 삶을 이해하기 위해 애썼습니다. 샬럿은 기름이 껴 뭉친 앞머리로 눈을 가린 채 고개를 푹 숙이고서 자신이 겪은 구타와 강간에 대해 자그마한 목소리로 말했습니다. 샬럿은 상대의 친절함을 매우 두려워했습니다. 그래서 제가 아주 작은 것이라도 칭찬을 하면 움찔하고 놀랐습니다. 상담을 시작하고 6개월이 지나자 샬럿은 앞머리를 옆으로 넘기고 고개를 바로 들고 저와 눈을 마주보며 이야기하기 시작했습니다. 만난 지 1년쯤 되자 샬럿은 미소를 지으면서 상담실에 들어왔고 때때로 머뭇거리다가 조심스럽게 소리 내 웃기도 했습니다. 우리가 함께 이야기를 나눈 3년 동안 저는 그녀에게 어떤 해도 끼치지 않았습니다. 우리는 서로를 좋아했고, 서로를 존중했습니다. 그리고 그녀가 저로부터 배운 것보다 제가 그녀로부터 배운 게 더 많았습니다.

이후로 저는 온갖 유형의 사람들을 만났습니다. 과잉행동장애가 있는 남자아이, 학대당한 여성, 재능이 넘치는 학생, 아이를 입양한 게이 커플, 비통에 빠진 미망인, 분노에 찬 십대, 온갖 종류의 어리석은 행동을 하는 어른, 사이코패스, 지나치게 많은 사람들을 돌보는 사람, 서로 붙어 있으려고 혹은 서로 떨어지려고 필사적으로 애쓰는 가족…. 지난 30년 동안 저는 수많은 고통이 흘러가는 모습을 다리 위에서 지켜봤습니다.

)

저는 인간의 고통을 주제로 임상심리학 박사학위를 취득했습니다. 수많은 교훈적인 이야기들을 들었고 사람들이 어떤 방식으로 자기 자신과 다른 사람들을 아프게 할 수 있는지를 보았습니다. 또한 살아가면서 어떤 실수들을 저지르면 안 되는지를 내담자들로부터 간접적으로 배웠습니다. 불륜이 어떤 파국을 낳는지 목격했습니다. 도박이나 마약을 직접 해보거나 남모를 사생활을 가져보지 않아도 이런 행동들이 궁극적으로 파괴적이라는 사실을 알 수 있었습니다. 저는 다양한 선택들로 인한 결과들을 보면서 평생 가지고 갈 교훈을 수업료 없이 배울 수 있었습니다.

저는 상담을 했던 기간의 대부분을 집에서 여섯 블록밖에 떨어져 있지 않은 상담실에서 남편 짐과 친구 안과 함께 일했습니다. 우리는 '작은 것이 아름답다'를 모토로 삼아 상담실을 운영했습니다. 독립해서 집을 떠나기 전까지는 우리 아이들이, 그리고 아이들이 떠난 후에는 우리가 직접 상담실을 청소했습니다. 또한 공과금과 세금 청구서 처리는 물론 상담 예약도 직접 받아 스케줄을 짰습니다. 한번은 영향력이 큰, 어느 유명한 정신과의사가 말했습니다. "저희 직원들에게 선생님 상담소 직원들과 연락해보라고 할게요." 저는 고백할 수밖에 없었습니다. "저희는 직원이 없는데요."

지난 수십 년 동안, 상담치료는 아주 많이 바뀌었습니다. 수많은 새로운 이론들이 의기양양하게 중앙 무대로 올라왔다가 슬그머니 사라졌습니다. 우리 심리치료사들은 아무 토대도 없던 1970년대에는 우리의 길을 스스로 개척했고, 기억회복요법recovered-memory therapy, RMT♦이 유행이던 1980년대에는 우리 자신을 거의 파괴하기에 이르렀습니다. 우리는 끝없이 이어지는 비체계적인 심리상담부터 목표 중심의 단기 심리치료까지 두루 경험했습니다. 한때 가장 질 높은 치료법이었던 '가족 요법family therapy'은 이제 사라지다시피 했습니다. 그럼에도 불구

♦ 내담자의 손상된 기억을 되살리기 위한 기술이나 방법을 일컫는 정신요법 용어.
   최면이나 유도심문이 대표적인데, 공인된 치료법이라기보다는 입증되지 않은 상
   담 기술이라는 견해가 지배적이다.

하고 호메로스가 말한 "와인처럼 검은 바다"처럼, 심리치료는 "항상 변화하지만, 항상 똑같습니다."

)

저는 이 일을 사랑합니다. 때때로 사람들은 하루 종일 다른 사람들의 문제만 듣고 있으면 우울하지 않냐고 묻습니다. 그러면 저는 이렇게 대답합니다. "저는 문제를 그저 듣고 있는 게 아닙니다. 함께 해결책을 찾기 위해 듣는 거죠." 일반적으로 내담자들은 변화를 만들고 싶을 때 상담실을 찾습니다. 내담자들은 돈을 내고 조언을 구하고 또 기꺼이 들을 준비가 되어 있습니다. 심리치료사로서 저는 불행한 내담자들이 행복해지고, 앙숙인 커플들이 서로 잘 지내기 시작하고, 가족들이 문제를 해결하고 서로 협력하는 모습을 봅니다. 항상 그렇지는 않지만 대개의 경우, 내담자와 몇 번의 상담을 하고 나면 '승리의 경험'이 들려오기 시작하곤 합니다.

삶에서 그렇듯이 심리치료에서도 어떤 관점을 가지느냐가 가장 중요합니다. 심리치료사로서 저는 내담자들이 겪는 문제들로부터 약간의 거리를 둡니다. 그 대신 내담자들이 받을 수 있는 보상에 더 주의를 기울입니다. 이런 보상은 내담자들마다 약간씩 다른 모습이긴 하지만 본질적으로는 모두 같습니다. 저는 내담자들이 스스로 더 차분해지고, 더 친절해지고, 더 낙관주의자가 됐다고 느끼면서 상담실을 떠나기 바랍니다.

또한 그들이 더 계획적으로 삶의 선택들을 하고 덜 충동적으로 욕구를 만족시키기를 바랍니다.

로버트 프로스트는 "교육은 문제를 한층 더 높은 차원으로 승격시켜준다"라고 말했습니다. 심리치료도 마찬가지입니다. 심리치료는 고통과 혼란을 탐색하여 의미와 희망을 만들어내는 과정입니다. 이 책은 다급한 표정으로 상담실에 들어와 낡은 소파에 주저앉아 저와 대화를 나눴던 내담자들로부터 얻은 진실들로 이루어져 있습니다. "오늘 어떤 일로 오시게 됐나요?"라는 질문에 대한 내담자들의 답을 들으면서 깨달은 심리치료의 본질, 관계와 삶의 진실을 담고 있습니다.

)

섹스, 잠자기, 함께 식사하기와 더불어, 다른 사람과 대화를 나누는 일은 모든 인간 행동에서 가장 기본이 되는 것 중 하나입니다. 둘 혹은 그 이상의 사람들이 서로 이야기를 나눕니다. 요즘 겪는 문제들을 해결하려 머리를 맞대고, 함께 웃고, 마음을 가라앉힙니다. 프로이트는 이런 대화들을 새로운 방식으로 체계화했고 학계는 이런 특정 대화 방식에 대한 연구를 실시했습니다. 하지만 결국 심리치료는 사람들이 여러 가지 일들에 대해 이야기를 나누는 것이 골자입니다.

심리치료는 복잡한 작업입니다. 마크 트웨인은 자기 자신을 "온갖 인간성이 한 벌의 옷 안에 쑤셔 넣어져 있는 사람"으로 묘사했습니다. 내담자들도 마찬가지입니다. 상담실로 걸어 들어오는 사람들은 우리들 모두와 크게 다르지 않습니다. 우리 모두는 우리 자신의 인간성으로부터 도망치려 합니다. 얼버무리고 거드름을 피웁니다. 우리는 자신이 얼마나 약하다고 느끼는지 인정하기를 두려워합니다. 자신의 결점들을 감추려 애씁니다. 그렇지만, 우리는 어떻게 해야 인간으로 존재할 수 있는지를 계속 반복해서 배워야 합니다.

제 경우, 한 친구는 저를 "어설픈 똑똑이"라고 묘사했습니다. 제 어머니는 제가 걸음마를 배우기도 전에 에세이를 쓸 줄 알았다고 농담을 하기도 했습니다. 저는 한쪽 눈이 완전히 실명 상태이고, 감정 기복이 심하고, 패션 센스는 형편없고, 지독한 방향치에다 밀실공포증이 있고, 쉽게 지칩니다. 물론 여기에서 털어놓을 수 없는 결점은 수없이 더 많습니다. 하지만 어떻게든 저는 저를 사랑하는 몇몇의 사람들을 발견했습니다. 저 역시 그들의 결점들을 알고 있고 그럼에도 불구하고 그들을 사랑합니다. 그들은 제 친한 친구들과 가족들입니다. 제가 가장 사랑하는 사람들이죠.

）

심리치료사로서 저는 저 자신이 스페셜리스트가 아닌 제너럴리스트에 가깝다고 생각합니다. 일반의一般醫였던 제 어머니의 심리학자 버전이라고 할 수 있죠. 저는 아이들과의 놀이

치료에 능숙하지 못합니다. 대신 아이의 부모가 아이의 행동에 대처하는 법을 알아내도록 돕는 방법으로 아이들을 치료합니다. 법적인 업무와 복잡한 진단은 피합니다. 특정 유형의 문제에 특화된 스페셜리스트가 되면 경제적 보상과 직업적 보상이 뒤따르지만, 제게는 특화가 늘 따분하게 느껴졌습니다. 한 가지 유형의 문제와만 씨름하기에 30년은 너무 긴 시간이기 때문입니다.

저의 최고의 비결은 바로 비결을 가지지 않는 것입니다. 제가 영리하거나 세련되게 굴려고 시도할 때마다 내담자들뿐만 아니라 저 자신도 혼란에 빠지곤 했습니다. 한번은 제 생각에 매우 훌륭하다 싶은, 다소 기이한 숙제를 제안했더니 내담자가 제게 혹시 마약에 취했느냐고 묻더군요. 한번은, 자기실현적 예언self-fulfilling prophecy◆ 기법을 시도해보기 위해서 미래에 대한 예측을 했는데, 알코올의존증인 내담자가 제 눈을 똑바로 보더니 부루퉁하게 말했습니다. "미래를 예측할 수 있다면 라스베이거스에 가보시지 그래요."

대개의 경우, 인간이 겪는 문제에 대한 저의 해결책은 매우 단순합니다. 휴식을 더 취하세요, 운동을 열심히 하세요, 조급해하지 마세요, 사랑할 사람들을 찾으세요. 물론, 단순하다고 해서 이 제안들이 실천하기 쉽지도, 항상 백 퍼센트의 효과

◆　발생하지 않을 수도 있었던 일이 스스로 한 예언의 영향으로 일어나는 현상을 말한다. '자기충족적 예언'이라고도 한다.

를 보장하지도 않습니다. 효과가 없을 때 저는 심리치료 과정에 대한 저의 신념에 기댑니다. 앨버트 아인슈타인은 이렇게 말했습니다. "어떤 문제는 그 문제를 만들어낸 의식consciousness 으로는 해결할 수 없다." 심리치료는 내담자들에게 안전한 인간관계를 제공합니다. 이 관계 안에서 내담자들은 자신의 내면세계를 탐색하고 외부세계에서 모험을 감행할지 고민해봅니다. 이렇게 함으로써 내담자들에게 자신의 혼란스러운 우주에 대한 또 다른 관점을 제공하는 것입니다.

학생 때 저는 칼 융, 해리 설리번, 오토 랑크, 프리츠 펄스, 조지 켈리 등의 이론을 공부했습니다. 프로이트의 저작도 읽었지만 저는 모든 좋은 행동이 성적 에너지를 바람직한 방향으로 돌린 것(승화)이라는 개념을 그다지 좋아하지 않았습니다. 또한 삶의 대부분이 경쟁, 공격성, 섹스로 이루어져 있다는, 매우 남성 중심주의적인 그의 관점에 동의할 수 없었습니다. 저는 항상 성장과 잠재력에 근거한 이론들에 마음이 끌렸습니다. 저는 에이브러햄 매슬로, 롤로 메이, 빅터 프랭클, 칼 로저스 같은 인본주의자들과 실존주의자들을 존경했습니다. 캐럴 길리건과 스톤 센터의 '다른 사람들과의 관계에 있어서의 자아'라는 개념에 강한 흥미를 느꼈습니다. 또한 긍정심리학이 대두되기 전부터도 좋은 뉴스에 집중하는 것이 매우 중요하다고 믿었습니다.

1972년에 임상심리를 공부하기 시작했을 때, 심리학자들은 대부분 검사를 주로 하는 사람들이었습니다. 저는 지능 검사, 성격 특성 항목표♦, 투영 검사법♦♦을 실행하는 법을 배웠습니다. 이런 검사에서 내담자들은 잉크 얼룩 같은 불분명한 시각 자극 요소를 제시받고 무엇이 보이는지 말해야 했습니다. 처음에는 이런 검사들에 매료되었습니다. 하지만 경험이 쌓이면서 저는 내담자와 대화를 나누는 것을 주요 진단 수단으로 선호하게 됐습니다.

텍사스 대학교 의료센터에서 인턴으로 일하던 당시 그곳에는 가족 요법을 선구적으로 사용하는 전문가들이 몇몇 있었습니다. 저는 가족 요법에서 느껴지는 활기와 생동감이 좋았습니다. 그 후 네브래스카 대학교에서 저는 최초의 여성 심리학 과목 중 하나를 가르쳤습니다. 어떤 면에서 보면 저는 주류 속에서 헤엄치고 있었지만 어떻게 보면 망망대해에서 홀로 노를 젓고 있었습니다. 저는 가족을 비난하거나 즉각적인 해결책을 찾으려는 시도, 자신을 방어하기 위해 옆에 없는 사람을 탓하는 행동 등에 강한 반감을 가지고 있었습니다. 저는 내담자들에게 명절에는 고향에 내려가 오랜만의 가족 모임에

♦　　행동·태도에 관한 질문들을 통해서 성격을 파악하려는 인격 검사 방법.
♦♦　　도형 등에 의한 성격 테스트의 일종.

꼭 참석하라고 권유했습니다. 한 번도 역기능 가정dysfunctional family*이라는 용어를 사용하거나 내담자에게 부모를 고소하라고 권고하지 않았습니다.

어렸을 때부터 저는 저 자신의 별난 가족에 대해 보호본능을 느꼈습니다. 제 어머니와 아버지는 스스로의 복잡한 문제들에 짓눌려서 다소 무능력했고 필요한 순간에 가족 옆에 있어주지 않았습니다. 그렇지만 부모님은 저를 사랑해줬고 최선을 다했습니다. 제 내면의 풍경 중 많은 부분은 부모님과의 대화로부터 비롯된 것입니다. 저는 부모님의 실수들을 놓고 그들을 냉혹하게 판단하지 않습니다. 다른 사람들을 냉혹하게 판단하고 싶은 마음 또한 없습니다.

학부에서 인류학을 전공했기 때문인지 몰라도, 저는 정신건강의 문제를 더 넓은 환경과 연관 지어 생각합니다. 우울증, 불안장애, 가정폭력, 약물남용과 알코올남용, 과잉행동장애, 섭식장애 등의 문제들은 제대로 기능을 하지 못하는 우리의 문화에서 비롯됩니다. 아이들이 매춘부와 연쇄살인마가 나오는 영화에 무차별적으로 노출되는 문화에서 그 누가 건강할수 있겠습니까? 이웃이 누군지도 모르고, 명절에 직계가족을 만나지도 않고, 일요일 오후에 낮잠 잘 시간도 없는 사람들이 어떻게 행복할 수 있을까요?

◆ 가족 구성원이 알코올의존증이나 폭력 등의 중독 문제를 갖고 있거나, 신체적·정신적 학대를 경험했거나, 만성적인 신체적·정신적 질환을 앓고 있는 가정.

우리는 자신이 다른 사람들, 지구, 나아가 다음 세대들에게 영향을 미치고 있다는 사실을 부정하는 문화 속에서 깊은 수렁에 빠져 있습니다. 우리는 아동, 난민, 노인, 빈곤 계층의 문제들을 못 본 척하고 있습니다. 미디어는 우리에게 피상적으로 살라고 부추깁니다. 세계 평화나 정신적 욕구에 대해 고민하는 대신 창문을 어떻게 꾸밀지나 신경 쓰라고 떠듭니다. 우리는 생각, 감정, 행동을 통합시키지 못하고 자기 분열에 이르는 교육을 받고 있습니다. 우리의 문화는 우리를 육체적, 정신적, 정서적으로 병들게 만들고 있습니다.

좋은 심리치료는 자기부정과 자기분열로부터 빠져나오도록 부드럽게, 하지만 확실하게 돕습니다. 내담자들이 더 풍요로운 정신생활을 영위하고 자기 자신을 더 잘 알 수 있게 돕습니다. 또한 다른 사람들과 조화롭게 살아가는 방법을 가르쳐줍니다. 그리고 실존 의식을 높여주고 자신이 세상에 미치는 영향을 완전하게 책임지도록 돕습니다.

저는 행복이란 자신이 가진 것들에 감사하는 것이라고 생각합니다. 실질적으로 말하자면, 이는 무엇이 공평한지, 무엇이 가능한지, 무엇이 개연성이 있는지에 대해 기대를 낮추는 것을 의미합니다. 평범함에서 기쁨을 찾는 것을 의미합니다. 저는 텔레비전을 즐겨 보지도 쇼핑을 좋아하지도 않습니다. 행복이 더욱더 많은 것을 소유하는 것과 연관돼 있다는 생각에서 벗어나도록 최선을 다해 돕습니다.

어른이 된다는 것은 끊임없이 선택을 내려야 하는 엄청

난 책임을 받아들이는 것을 의미합니다. 저는 특정 연령이 지나고 나면 모든 사람은 자기 자신의 삶에 책임이 있다고 믿습니다(만성적인 정신질환에 시달리거나 중증 정신장애가 있는 사람들을 제외하고 말입니다). 그렇지 않다고 믿는 것은 오만한 태도입니다. 저는 내담자들에게 과거를 복잡한 그대로 이해하고 받아들이라고 권유합니다. 그러고선 과거를 뒤로한 채 앞으로 나아가 자기 자신과 다른 사람들을 위해 아름다운 무언가를 창조하라고 권고합니다. 우리 모두는 자신만의 슬픔을 가지고 있습니다. 하지만 그렇다고 해서 그 슬픔이 자신의 의무들로부터 달아날 명분이 되는 것은 아닙니다.

)

저는 1979년에 개인 상담실을 열었습니다. 당시는 심리치료사들이 내담자를 도울 수 있는 시간을 많이 확보할 수 있는 황금기였고 저는 그런 좋은 조건 속에서 상담을 할 수 있었습니다. 대부분의 사람들은 심리치료가 보장되는 좋은 보험을 가지고 있었고, 심지어 공장 노동자들도 상당히 오랜 기간 동안 상담실을 방문하며 여유로운 속도로 자신의 문제를 탐색할 수 있었습니다. 심리치료사들 또한 가시적 변화를 빨리 이끌어내야 한다는 압박을 받지 않았습니다. 관리 의료managed care◆가 미국에 도입됐을 때 저는 이를 무시했습니다. 그리고 오랫동안 제 고유의 방식대로 일들을 처리했습니다. 외부인들이

제 내담자들에게 이래라저래라 하는 것을 참을 수 없었기 때문입니다.

최근에 매우 바쁜 심리치료사 한 명을 만났습니다. 그는 자신의 심리치료가 "질질 끄는 법 없이 한 방에 효과를 본다고"으스댔습니다. 그는 자신이 네 번만 상담하면 대부분의 사람들을 치료할 수 있다고 주장했습니다. 저는 못 믿겠다는 표정을 숨기기 힘들었습니다. 좋은 심리치료는 좋은 요리와 마찬가지로 오랜 시간이 필요합니다. 물론 일부 내담자들과 심리치료사들이 예전 시스템을 악용하기도 했습니다. 하지만 대부분의 심리치료사들은 시간을 현명하게 사용했습니다. 예전에는 심리치료사들이 내담자들과 강한 유대감을 맺을 수 있었습니다. 그러나 지금은 시간과 돈을 절약해야 한다는 압박 속에서, 심리치료사들은 빠른 속도로 일을 해야만 하고 매주 발전을 보여야만 합니다. 이 과정에서 많은 것들이 희생됩니다.

수년간, 저는 네브래스카 대학교 심리학과 대학원에서 임상심리학 지도교수로 일했습니다. 직접 학교로 가서 상담실에서 학생들과 함께하거나 혹은 한쪽 편에서만 보이는 거울 뒤에서 학생들이 상담하는 모습을 지켜봤습니다. 하지만 대개의 경우 학생들이 상담을 녹화한 비디오테이프를 들고 제 집으로 왔습니다. 비디오테이프를 함께 보고 난 후 저는 학생들의 고

◆ 다양하게 세분화되어 있는 건강관리제도를 총체적으로 관리하며 제공하는 의료 시스템. 의료보험자, 의료기관, 의사 사이에서 이루어지는 진료 내용이나 거기서 발생하는 비용 등에 가이드라인을 설정해 그에 따라 치료한다.

민을 듣고 공감해주고 여러 가지 조언을 해주었습니다.

)

　저는 이 책을 제가 가장 아끼는 대학원생인 로라에게 보내는 편지 형식으로 썼습니다. 로라는 이십대 미혼 여성입니다. 마음이 열려 있고, 가슴이 따뜻하고, 심리학을 무척 사랑하는 학생입니다. 저와 마찬가지로 로라도 야외활동을 좋아합니다. 하지만 저와는 반대로 모험을 좋아하는 스타일이어서 카누, 롤러블레이드, 암벽 등반을 매우 즐깁니다. 대부분의 젊은 심리치료사들이 그러하듯이, 로라 또한 자신이 이 일을 잘할 수 있을지 두려움에 떨면서도 한편으로는 지나치게 자신만만해합니다. 로라는 모든 유형의 내담자들을 만나보고 싶어 하지만, 어려운 내담자를 만나면 쉽게 압도당하는 경향이 있습니다.

　저는 심리치료사들과 일반 독자들 모두가 이 편지를 읽기를 희망합니다. 저는 이 책에 오랜 상담 경험을 바탕으로 한 많은 임상사례를 담았습니다. 또한 인용문 수집하는 것이 제 취미인데, 가장 좋아하는 인용문들을 소개하지 않을 수 없었습니다. 대중 심리학과 사회과학의 전문 용어들을 가급적 사용하지 않으려고 노력했지만, 독자들에게 이 가혹한 시대에 심리치료가 한 가지 해결책이 될 수 있다는 점을 조심스럽게 짚어드리고 싶었습니다.

저는 이 편지들을 이른 아침에 썼습니다. 제 책상 앞에 앉으면 오래된 단풍나무, 직접 가꾼 꽃밭, 새와 다람쥐의 먹이통이 내려다보입니다. 1년에 걸쳐 이 편지들을 썼기 때문에 사계절의 흐름에 따라 제 기분과 글 또한 영향을 받지 않을 수 없었습니다(제가 계절성 정서장애를 앓은 게 아닌지 분석해보는 독자도 있을지 모르겠군요!).

네브래스카에서 몹시 추운 날이었던, 2001년 12월 2일에 이 편지들을 쓰기 시작했습니다. 9·11 테러 사건이 있던 해의 문이 곧 닫힐 참이었습니다. 모두 새해를 기대하는 희망에 차 있었지만 전 세계적으로 암울한 시기였습니다. 제게 이 편지들은 일종의 여행이 되어주었습니다. 세계적인 사건들 대신 개인 차원의 문제들에 집중할 수 있는 기회가 되었습니다.

친애하는 독자 여러분, 저는 여러분이 이 편지들이 유익하고도 재미있다고 느끼기를 희망합니다. 심리치료사로 일하며 체득한 교훈 중 하나는 재미라는 것이 결코 사소하지 않다는 사실입니다. 우리 인간이 가지고 있는 최고의 것들 중 하나죠. 햇볕이 따뜻하게 내리쬐는 곳이나 난로 옆에 편안한 자리를 마련하고 마음을 느긋하게 먹으세요. 복숭아차를 타오거나 고양이를 데려다가 무릎 위에 앉혀도 좋습니다. 자, 이세 함께 떠나볼까요.

차례

겨울

봄

여름

가을

겨울

※

Letters to a young therapist

당신의 빵 부스러기는
무엇입니까

✳

12월 2일

어젯밤 저는 오래된 흑백사진들을 자세히 들여다봤습니다. 어릴 적 모습이 담긴 사진 하나에서 저는 잡지를 품에 꼭 껴안고 잠들어 있더군요. 그때에도 저는 책을 읽으면서 잠을 청했나 봅니다. 다른 사진에서는 맛있는 음식이 가득 차려진 식탁 앞에서 유아용 의자에 앉아 즐거운 표정으로 케이크를 입 안 가득 집어넣고 있더군요. 아직도 맛있는 음식은 제게 가장 커다란 즐거움 중 하나입니다. 또 다른 사진에서 저는 남동생 제이크와 나란히 거대한 빨간 벽돌 건물 앞에 서 있습니다. 우리가 새로운 학교로 전학 간 첫날이었죠. 우리는 몸에 안 맞는 촌스러운 코트를 입고 있습니다. 둘 다 삐삐 마르고 겁에 잔뜩 질려 불안한 표정으로 눈을 동그랗게 뜨고 있습니다. 제이크는 제게 기대고 있고 저는 남동생의 손을 꽉 붙잡고 있습니다.

이 사진들은 오자크 산맥에서 태어난 어린 나와 현재 네브래스카주에 살고 있는 쉰다섯 살의 나 사이에 놓여 있는 시간의 숲에 빵 부스러기의 흔적을 길게 만들어줍니다. 남동생의 손을 꽉 잡고 있는 소녀는 환자들에게 이렇게 말하곤 하는 심리치료사의 내면에서 공명하고 있습니다. "함께 노력하면 상황을 더 좋게 만들 수 있을 겁니다." 노인이 된 마크 트웨인은 이렇게 말했습니다. "나는 일어난 적이 없는 일들을 가장 명확히 기억하는 나이에 도달했다." 기억은 구성되고 또 재구성됩니다. 기억은 항상 변화하고 밤에 꾸는 꿈만큼이나 주관적입니다. 그럼에도 불구하고, 나의 빵 부스러기의 흔적을 로라 당신과 공유하고 싶네요.

)

저는 아버지가 제2차 세계대전이 끝난 후 미주리주로 돌아와서 지은 작은 집에서 태어났습니다. 1년 후 우리 가족은 콜로라도주의 덴버로 이사를 갔습니다. 어머니가 의과대학에 다니기 위해서였죠. 어머니가 의과대학을 졸업한 후, 우리 가족은 네브래스카주의 여러 작은 마을들을 떠돌며 살다가 캔자스주로 이사를 갔고 그곳에서 저는 1965년에 고등학교를 졸업했습니다. 4년 후 저는 버클리에 있는 캘리포니아 대학교에서 학사 학위를 받았습니다. 그 후 유럽과 멕시코 등을 돌아다니다가 마침내 대학원에 정착했고 이후 링컨에서 아내, 엄마,

그리고 심리치료사로서의 삶에 자리를 잡았습니다. 어느 곳에 살든 상관없이, 태어날 때부터 항상 저는 가만히 있지 못하고, 들썩이는 것을 좋아하고, 말이 많고, 열정적이었습니다. 저는 사람들, 자연, 그리고 책들을 좋아합니다.

본질적인 의미가 밝혀지는 어떤 결정적인 순간들은 제 사고방식에 크게 영향을 미쳤습니다. 제가 문화상대주의자가 됐던 세 살 때의 어느 날 밤이 기억납니다. 물론 그 당시에는 이런 용어를 몰랐지만 말이죠. 1950년이었고 항생제가 아직 보편적으로 사용되기 전이었습니다. 어머니는 제게 목욕을 하고 나면 즉시 발을 닦고 양말을 신어야 감기에 걸리지 않는다고 가르쳤습니다. 하지만 아그네스 이모네에서 묵고 있던 어느 날 밤이었습니다. 이모가 지켜보는 가운데 저는 네 발 달린 욕조에서 나와 수건으로 발을 닦았습니다. 그러자마자 이모가 저를 꾸짖었습니다. "여자아이는 가장 먼저 아랫도리를 닦고 팬티부터 입어야 하는 거야." 저는 제가 깊이 신뢰하는 두 여성이 그렇게 대단히 중요한 주제에 대해 서로 의견이 다르다는 사실에 깜짝 놀랐습니다.

가족생활을 통해서 저는 다양한 관점을 배웠습니다. 저는 의사인 엄마와 임상병리사인 아버지가 있는 대가족의 장녀였습니다. 아버지는 병원에 일이 없을 때면 짬을 내 돼지, 거위,

비둘기를 키웠습니다. 외가 쪽 친척들은 동부 콜로라도 출신의 감리교 신자들이었고 가난한 목장주들이었습니다. 하지만 교육을 잘 받았고 공공심이 강한 분들이었습니다. 친가 쪽 친척들은 미주리주 출신의 개성이 뚜렷하고 인정 많은 분들이었습니다. 제게는 민주당을 지지하는 백만장자 고모도 있었고, 배리 골드워터◆에게 투표한 농부 삼촌도 있었습니다. 소시지와 라드를 판매하는 또 다른 삼촌은 정치에는 눈곱만큼도 관심이 없었습니다. 마거릿 고모의 가족은 1년 동안 세계 여행을 했습니다. 반면 할머니가 결혼한 남자는 기나긴 삶 내내 그리고 그 마지막 순간까지 미주리주의 크리스티안 카운티를 한번도 벗어난 적이 없었습니다. 할아버지는 수사적 표현을 이용해 이렇게 묻곤 했습니다. "천국을 떠나고 싶은 이유가 뭐가 있겠어?" 우리 집에서는 감정이 풍부한 사람들이 금욕적인 사람들과 함께 카드놀이를 했습니다. 세련된 도시 사람들이 촌스러운 시골 사람들과 긴 이야기를 나누었습니다. 남부의 침례교인들이 유니테리언파◆◆ 교인들과 함께 저녁식사를 즐겼습니다.

우리 가족이 네브라스카주의 비버 시티에 살 때, 친척들은 한번 놀러오면 몇 주일 동안 머물다 가곤 했습니다. 사촌들과 저는 들판을 돌아다니거나 비버 계곡을 따라 하이킹을 하

◆   미국의 정치인. 연방 상원의원이었으며 1964년 공화당 대통령 후보였다.
◆◆ 삼위일체론과 그리스도의 신성을 부정하고 신격의 단일성을 주장하는 기독교의 한 파.

거나 자전거를 타고 시내를 돌아다니며 따분한 동네에 뭐 재 밌는 일은 없는지 기웃거렸습니다. 밤이면 어른들은 카드놀이를 하고 정치 토론을 벌였습니다. 자정 즈음 대화가 시들해지면 아버지는 그럴듯한 뇌물로 사람들을 구슬리곤 했습니다. "티본스테이크하고 감자튀김 만들어주면 여기 계속 있을 거죠?"

저는 다이닝룸 바로 옆에 있는 소파에 누워서 어른들의 대화 소리를 들으며 밤늦도록 깨어 있곤 했습니다. 어른들의 대화를 들으면서 저는 속으로 질문을 던졌습니다. 왜 어떤 사람들은 서로 사랑에 빠지는 걸까? 왜 어떤 가족은 록큰롤과 영화를 금지하는 걸까? 왜 어떤 삼촌은 술을 그렇게 많이 마시는 걸까? 왜 어떤 친척들은 루스벨트 대통령을 좋아하는데 어떤 친척들은 그를 몹시 싫어하는 걸까? 왜 어떤 사촌은 나를 괴롭히는데 어떤 사촌은 나와 잘 놀아주는 걸까?

)

저는 어머니의 진료실에서 알약을 세고 고무장갑과 수술 도구를 소독하며 일손을 거들기도 했습니다. 그럴 때마다 간호사들이 아이들이 잘 알지 못하는 일들에 대해 소곤거리는 걸 건너들을 수 있었습니다. 가령, 은행 청소부가 실은 매춘부라느니, 어머니에게 꽃다발을 보낸 부유한 농부가 실은 여자친구의 낙태수술을 부탁하려고 그런 것이라느니, 우리를 교회

안으로 안내하는 웃는 인상의 남자가 실은 백혈병으로 죽어가고 있다느니 하는 말들이었습니다.

모든 작은 마을에는 셰익스피어의 작품에서 바로 튀어나온 듯한 캐릭터들이 모여 있습니다. 저는 마을의 소문난 술고래, 성스러운 한편 쓸쓸해 보이는 은둔자들, 늙은 군인들, 게이 합창단장을 알고 있었습니다. 학교 선생님들은 극과 극으로 나뉘어 있었습니다. 어떤 선생님들은 무관심하고 무지했고, 어떤 선생님들은 페루와 중국의 주요 수출품과 문장을 도식화하는 방법을 열정적으로 가르쳤습니다. 저는 근면한 상인들, 덕테일 헤어스타일을 한 불량배들, 마음씨가 따뜻한 장의사, 불같은 성격의 시장과 수다를 떨었습니다. 한편 우리 옆집에는 공공장소에서 반바지를 입는 일이 죄악이라고 생각하는 가족이 살았습니다. 그래서 그 집 아들들은 농구를 할 수도, 공공 수영장에서 수영을 할 수도 없었죠. 정말 가혹한 종교가 아닐 수 없었습니다.

)

시간의 오솔길에 뿌려진 또 다른 빵 부스러기의 흔적은 제가 우리 가족의 리더로서 일정한 역할을 했다는 점입니다. 부모님은 대부분의 경우 집에 안 계셨고 우리 형제들은 점잖은 방치를 수없이 겪었습니다. 여덟 블록이나 떨어진 학교까지 눈보라를 뚫고서 힘겹게 갔는데 그날 휴교를 했다는 사실을 알게 된 적도 꽤 많았습니다. 여름방학 아침이면 저는 아침 식사로 아이스크림 한 그릇을 먹고 나서, 도서관에서 오전을 보낼까 아니면 살구나무 아래에서 아이들과 뛰어놀까 고민했습니다. 저는 가족 안에서 계획자이자 해결사였습니다. 제가 다섯 살이었을 때 이모가 아버지에게 우리 가족도 함께 피크닉을 갈 것인지를 묻자 아버지는 이렇게 대답했습니다. "메리에게 물어봐요. 모든 계획은 메리가 다 짜니까."

어떤 심리학자들은 이 이야기를 들으면 즉시 내게 '집안에서 부모 노릇을 대신 하는 아이'라는 이름표를 붙이고, 지나치게 일찍 책임을 떠맡았다며 측은하다는 눈빛으로 쯧쯧 혀를 찰지도 모릅니다. 하지만 저는 다르게 생각합니다. 저는 가족 안에서 중요한 역할을 맡고 있었고 이 역할은 제게 권한과 자율성을 주었습니다. 매우 어렸을 적부터 열심히 일하는 것과 쓸모 있는 사람이 되는 것이 주는 기쁨을 알게 된 것입니다. 저는 요리 기술, 아이들을 돌보는 기술, 의사 결정 기술, 사람들을 조직하는 기술을 익혔습니다. 또한 나의 필요를 충족시키기 위해서는 먼저 다른 사람들의 필요를 충족시켜야 한다는 사실을 배웠습니다. 사람들에게 이야기를 들려주고, 쿠키를 구워주고, 웃음을 줄 수 있다면, 그들로부터 사랑을 받게 됩니다.

우리 마을에 존재하는 편견은 또 다른 빵 부스러기의 흔적입니다. 한번은 다리를 저는 약국집 아들이 다른 소년에게 키스를 하고 말았습니다. 그 사건 이후 그의 삶은 영겁의 지옥으로 바뀌어버렸습니다. 남들과 '다르다'는 이유만으로 그에게 가해진 처벌을 생각하면 지금도 몸서리가 쳐집니다. 한편 우리 마을에는 데니와 케니라는 이름의 쌍둥이 형제가 있었는데, 잘 씻지 않아 지저분한 몰골이었고 항상 사람들에게 무시를 당했습니다. 이 아이들은 유죄 선고를 받은 살인자의 아들들이라는 죄목만으로 무자비하게 괴롭힘을 당했습니다. 허버트는 치아에 문제가 있어서 말을 할 때마다 침을 뱉고 침을 흘릴 수밖에 없었습니다. 아이들은 허버트 근처에는 가려고 하지 않았습니다. 허버트에게 세균이 있다면서 말입니다. 마지막으로 나오미 레인워터를 빼놓을 수 없겠네요. 나오미는 우리 학교에 다녔던 인디언 소녀였습니다. 학생들은 나오미를 완전히 무시했습니다. 마치 갈색 피부가 나오미를 투명인간으로 만들기라도 한 것처럼 말입니다. 어린아이였지만 저는 이 모든 일들이 부당하다고 생각했습니다. 너무 어려서 어떻게 해야 할지 몰랐지만 어쨌든 이런 일들이 싫었기 때문에 잔인한 게임에서 늘 멀리 떨어져 있었습니다. 제가 이 아이들 편에 서서 이 아이들을 힘껏 옹호했다고 말할 수 있다면 정말 좋겠지만, 저는 그렇게 하지 못했습니다. 아마 그래서 지금은 힘든 사람들 편에 서고자 노력하는 것일지도 모르겠습니다. 속죄할 무언가가 있어서 말입니다.

우리 마을은 프레리도그들이 사는 초원에 둘러싸여 있었습니다. 미국 내에서 이보다 더 외딴곳이 있다고는 상상하기 힘들었습니다. 그때에는 하늘이 더 선명하게 반짝였습니다. 북극광과 겨울 별들이 서리에 얼어붙은 것 같아 보이던 광경이 아직도 눈앞에 선합니다. 텔레비전이 나오기 전에는 세상의 시간이 느리게 펼쳐졌습니다. 저는 마을 광장의 느릅나무 아래에서 빈둥거리면서 노인들과 아기들과 함께 한가로운 시간을 보냈습니다. 라임에이드를 홀짝이고 약국에 서서 만화책을 읽었습니다. 그리고 밤이 되면 친구들과 함께 풀밭에 벌렁 누워 은하수를 보면서 유령 이야기를 하곤 했습니다.

저는 자연에 의지해서 위안과 즐거움을 찾는 법을 배웠습니다. 폭풍우가 지나가고 나면 아기 새들과 생쥐들을 구조했습니다. 한번은 아기 까치를 키워서 여름 내내 친구로 삼은 적도 있었습니다. 봄이면 우리 가족은 사냥꾼에게서 새끼 코요테들을 사서 가을까지 그들과 함께 놀았습니다. 그런 다음 비버 계곡에 놓아주곤 했습니다. 고속도로에서 거북이와 뱀을 구조해 와서 수족관에 두기도 했습니다. 저는 할 수만 있다면 늘 야외에 있었습니다. 그러면서 어떤 것에 싫증이 나거나 무엇에 화가 날 때면 언제나 대자연이 나를 잘 돌봐줄 것이라는 사실을 배웠습니다.

열두 살이 되기 전에, 저는 우리 마을의 도서관에 있는 어린이 책은 모조리 다 읽었습니다. 책이 그다지 많지 않기 때문에 엄청나게 큰 성과는 아니었지만 말이죠. 저는 헬렌 켈러, 알베르트 슈바이처, 엘리너 루스벨트, 퀴리 부인의 전기를 좋아했습니다. 그리고 베티 스미스의 『나를 있게 한 모든 것들』, 펄 벅의 『대지』와 제2차 세계대전 동안 부모 없이 살아남은 용감한 폴란드 아이들의 이야기인 『실버 스워드The Silver Sword』 같은 책들을 사랑했습니다.

또한 이 무렵 『안네의 일기』를 읽고 나서 큰 충격을 받았습니다. 태어나서 처음으로 저는 '악'과 조우하게 됐습니다. 흔히 볼 수 있던, 잘못 판단했거나 충동적이거나 혼란스러운데서 나오는 행동이 아닌 진짜로 '악한' 행동이 있다는 사실을 처음으로 알게 됐습니다. 이 책을 읽고 난 후 몇 주 동안 제대로 밥을 먹지도 잠을 자지도 못했습니다. 어떤 관점을 가지면 어른들이 아이들을 살해할 수 있게 되는지 상상조차 하기 힘들었습니다. 제 마음은 인간들이 서로에게 어떤 짓을 할 수 있는지에 대한 새로운 정보를 받아들이느라 복잡하고 힘들었습니다. 그렇지만 역설적이게도 이 이야기는 제게 영웅적 행위에 대해 가르쳐주었습니다. 안네 프랑크는 아직까지 제게 가장 위대한 영웅으로 남아 있습니다.

때때로 책 때문에 곤경에 처하기도 했습니다. 한번은 가족 여행에 가서 에리히 프롬의『사랑의 기술』을 읽고 있었습니다. 이 책은 친밀감의 본질을 탐구하는 심리학 책입니다. 아버지가 날카로운 눈빛으로 책의 제목을 힐끗 보더군요. 아버지는 제가 외설적인 책에 빠져 있다고 섣불리 추측하고서는 제가 매우 아끼던 그 책을 야영장의 모닥불 속으로 집어던져 버렸습니다.

독서는 저를 세계 곳곳으로 데려가주었습니다. 가족과의 말다툼 때문에 짜증이 나거나 학교에서 힘든 하루를 보냈을 때 독서는 저의 기분을 풀어주고 진정시켜주었습니다. 책과 함께 있으면 주방에서 콩 수프를 저으면서 동시에 데이비드 코퍼필드와 함께 런던에 있을 수 있었고 다나 시스터즈나 소녀 탐정 낸시 드류와 함께 보석 도둑의 뒤를 쫓을 수 있었습니다. 그러면서 제 정신은 더 확장되었습니다.

인생이 봄에서 시작해서 한겨울에 끝난다고 하면, 저는 지금 제 인생의 늦가을 즈음에 와 있습니다. 이 계절은 과거를 되돌아보게 만듭니다. 어린 시절에는 당연하게 여겼던 일들—가령, 특별할 것 없이 날마다 똑같았던 긴 여름날, 토마토를 절이거나 민스 파이를 만들던 이모들, 가을 저녁의 낙엽 타는 냄새—이 이제 중년이 된 제게는 사무치게 그립습니다.

로라, 당신은 인생의 초여름 즈음에 와 있습니다. 저는 당신의 계절들이 어떻게 펼쳐질지 궁금합니다. 다음 슈퍼비전su-pervison◆ 시간에는 당신이 살아온 이야기에 대해 조금 더 듣고 싶네요. 학창시절에 다른 학생들이 당신에게 고민 상담을 많이 했다고 한 것이 기억납니다. 비밀을 털어놓을 수 있는 친구였던 것은 당신이 가진 빵 부스러기의 흔적 중 일부입니다. 우리 분야에서 일하는 사람들 중에는 비슷한 사람들이 많죠. 과거를 돌아보면 당신 자신에 대해 더 잘 알 수 있을 것입니다. 자신에 대해 잘 아는 것은 당신의 직업뿐만 아니라 당신의 인생에도 커다란 도움이 될 것입니다.

◆　상담에 대한 이론적 지식과 상담 경험이 풍부한 전문가가 독립적인 상담자가 되고자 하는 수련생에게 자신의 경험과 지식을 바탕으로 적절한 상담의 실제 기술을 습득할 수 있도록 도움을 주는 활동.

좋은 심리치료사의 자질

✳

12월 26일

이제 막 크리스마스 가족 행사를 끝내고 집으로 돌아왔습니다. 우리는 크리스마스이브 저녁에 포트럭 파티를 하고 크리스마스 푸딩을 나눠 먹은 후 선물을 교환했습니다. 과카몰리를 먹으면서 제 조카딸은 웹마스터가 될 계획이라고 말했습니다. 제가 조카딸의 나이일 때는 존재하지도 않았던 직업이죠. 우리는 직업을 선택하는 일에 대해 진지한 대화를 나눴습니다. 어떤 일을 잘하는 것과 그 일을 좋아하는 것 사이의 차이에 대해, 그리고 직업을 선택할 때 왜 돈벌이만 따져서는 안 되는지에 대해 이야기를 나눴습니다. 조카딸은 탬파에 웹마스터 일자리가 꽤 있다고 들었다고 말했고 자신은 어릴 적부터 항상 바닷가 근처에 살고 싶었다고 말했습니다.

조카딸과 이런 대화를 나누다 보니 제가 예전에 심리학자가 되겠다고 결정을 내렸던 때가 떠올랐습니다. 30년 전에 충동적으로 내렸던 결정이죠. 저는 학부에서 인류학을 전공했는데 대학원 장학금을 확보하지 못해서 다소 갈팡질팡하다가 심리학의 세계에 입문했습니다. 어느 날, 저는 즉흥적으로 캠퍼스의 심리상담센터에 걸어 들어갔고 임상프로그램의 책임자를 만나게 됐습니다. 그분은 제게 심리학 박사학위 프로그램을 고려해보라고 권유했고 장학금을 받을 수 있다고 장담했습니다. 돌아보면 저는 기가 막히게 운이 좋았습니다. 저는 대학원을 정말 사랑했습니다. 지금까지 심리치료사, 컨설턴트, 교사, 작가, 강연자로 일해왔는데, 이 모든 것은 모두 다 심리학자가 된 덕분입니다. 로라, 당신이 좋은 심리치료사가 될 수 있는 자질들이 자신에게 있는지 궁금해한다는 사실을 잘 알고 있습니다. 이 주제에 대해 조카딸이 저에게 그랬던 것처럼 당신과 허심탄회하게 대화하도록 허락해주겠어요?

)

　심리치료사들은 작고 불편한 방에 앉아서 하루에 여덟 시간씩 사람들의 이야기를 듣습니다. 한 사람이 이야기를 하고 나가면 또 다른 사람이 들어와 무관심한 배우자, 성질 못된 십대 자녀, 만사를 자기 뜻대로 하려는 상사에 대해 하소연을 합니다. 우리에게 인간에 대한 지속적인 호기심이 없다면, 매 시간 그런 대화를 나누는 일은 힘겹고 지루할 수밖에 없을 것입니다. 이 일을 좋아하는 심리치료사들은 사람들이 곤경에 처하고 또 그 곤경에서 빠져나오는 엄청나게 다양한 방식들에 매료되곤 합니다. 글쓰기 선생님 중 한 분이 제게 이런 조언을 한 적이 있습니다. "세상에 던지고 싶은 메시지가 '삶은 시궁창이다'뿐이라면 독자에게 굳이 폐를 끼치지 마십시오." 심리치료사들에게도 해당되는 조언입니다. 사람들은 지칠 대로 지쳤을 때 심리치료사를 방문합니다. 우리가 하는 일의 많은 부분은 희망에 관한 것입니다.

심리치료는 에너지와 집중력과 인내심을 요구합니다. 이 일이 특별히 보수가 많거나 명망이 높은 것도 아닙니다. 만약 당신이 다른 사람들을 돕고자 하는 욕구에 동기가 부여되지 않는다면 이 일을 계속 해나가기가 쉽지 않을 것입니다. 심리치료사 해리 아폰테는 이렇게 말했습니다. 자신이 이 일을 계속 해나갈 수 있는 이유는 사람들에게서 자기 자신의 어떤 면을 발견하고, 사람들 또한 그에게서 자신들의 어떤 면을 발견하기 때문이라고 말이죠. 존중이 상호적인 것과 마찬가지로 무시 또한 상호적입니다. 만약 사람들에 대한 당신의 기본 감정이 긍정적이지 않다면 심리치료는 당신에게 적합한 일이 아닙니다.

지금도 킴벌리가 생생하게 기억납니다. 허리까지 내려오는 금발머리를 한 아름다운 임신부였죠. 그녀는 "저는 다발성

경화증을 앓고 있어요"라고 겨우 말한 후 더 이상 말을 잇지 못하고 50분 동안 흐느껴 울었습니다. 첫 상담일이었던 그날 저는 그녀에게 화장지를 건네고선 그녀의 다음 말을 기다리며 가만히 앉아 있었습니다. 상담 시간이 끝났을 때 저는 그녀를 안아주고서 이틀 후에 다시 오라고 했습니다. 두 번째 상담 시간에 우리는 그녀의 어린 세 아이들과 남편에 대해 이야기를 나눴습니다. 그녀의 남편은 부양자의 역할을 제대로 하지 않고 있었습니다. 그녀에게 기댄 채 모든 의사 결정과 정서적 지원을 그녀에게 떠넘기고 있었습니다. 그녀는 조금 더 울었습니다. 제가 말했습니다. "당신은 이미 가장 힘든 일을 해냈어요. 바로 문제를 직면하는 일 말이에요." 그러고선 말을 이었습니다. "당신은 이 상황을 잘 헤쳐나갈 거예요. 당신은 자신이 생각하는 것보다 훨씬 더 강해요. 당신의 가족 또한 최선을 다해 노력할 거예요." 두 번째 상담 시간이 끝날 무렵 제가 물었습니다. "다음 며칠을 잘 보내기 위해서 어떤 걸 할 수 있을까요?" 눈에 눈물이 그렁그렁한 채 킴벌리가 대답했습니다. "오늘 저녁에 딸들을 데리고 공원에 갈 거예요."

'희망'은 제가 스베틀라나에게 준 첫 번째 선물이기도 합니다. 스베틀라나는 수줍음을 많이 타는 소녀로 중학교에서 집단 괴롭힘을 당했습니다. 중학교 생활이 끝날 무렵 스베틀라나는 또래들의 온갖 멸시를 내면화했고 더 이상 자기 자신을 믿지 않게 됐습니다. 하지만 여러 번 만나면서, 저는 스베틀라나가 동물을 매우 사랑하고 풍자적인 유머를 잘 구사한다는 사실을 발견했습니다. 저는 스베틀라나가 말을 탈 수 있는 곳을 찾도록 돕고 동물보호단체인 휴먼 소사이어티에서 자원봉사를 하겠다는 결정을 적극적으로 지지했습니다. 스베틀라나는 새로운 기술들을 익히면서 자신감을 쌓아갔습니다. 동물들과 함께 시간을 보내게 되면서 저열한 급우들로부터 벗어나 더 나이가 많은 현명한 사람들과 어울릴 수 있게 됐습니다.

저는 스베틀라나에게 몇 가지를 예측했습니다. "여름방학 동안 행복한 순간들과 자신감 넘치는 순간들이 찾아와 깜짝 놀라게 될 거야. 그리고 다음 학기에는 마음 맞는 친구를 만나게 될 거야." 제 예측은 대부분 맞아떨어졌습니다. 스베틀라나는 말들과 함께 행복한 여름방학을 보냈고 가을에는 씩씩하게 고등학교에 입학했습니다. 그리고 좋은 친구를 사귀었습니다. 하지만 스베틀라나는 제게 이렇게 말했습니다. "고등학교는 완전히 엉망진창이에요. 여기 다니느니 삽으로 배설물 치우는 게 더 낫겠어요." 저는 이 정도면 충분히 괜찮다고 생각했습니다. 제가 모든 것을 다 고칠 수는 없으니까요.

심리치료사들 대부분은 대단히 개인적인 이유들 때문에 이 일에 종사합니다. 우리는 이 사실을 인정해야 합니다. 저는 '첫째 딸'로서 다른 가족들을 돌보고 보살피면서 자랐습니다. 아, 하지만 동시에 늘 우두머리 행세를 하려 들고 지나치게 책임감이 강하죠. 심리치료사로서 저는 이 두 가지 성향을 항상 조심해야만 합니다. 우리는 자신이 내담자들에게 어머니, 초등학교 때 선생님, 혹은 첫 남자친구를 투사하지는 않는지 경계해야 합니다. 또한 자신이 누구를 도울 수 있고 누구를 도울 수 없는지를 잘 알아야 합니다. 가령 저는 폭력적인 남성 내담자들을 만나면 일을 제대로 해내지 못합니다. 그들은 저를 겁먹게 만들고, 더구나 저는 그들이 여성과 아이들을 때렸다는 사실을 용서할 수가 없습니다.

심리치료사들이 모든 사람들에게 정신건강의 귀감이 되어야 한다고 생각하지는 않지만, 정신적인 면과 정서적인 면에서 적절하게 안정되어 있어야 한다고는 생각합니다. 중독자이거나, 사이코패스이거나, 자기기만에 빠진 심리치료사들은 취약한 내담자들에게 피해를 입힐 수 있습니다. 심리치료사들은 대인 기술이 좋아야 합니다. 저는 웨이트리스로 일하면서 대인 기술을 배웠습니다. 고등학교 시절 내내 A&W 루트 비어 음식점에서 웨이트리스로 일했습니다. 대학교에 가서는 작은 싸구려 식당과 도넛 가게에서 일하면서 괴팍하고 까다로운 손님들을 상대했습니다. 속물, 술고래, 구두쇠 등 정말 다양한 유형의 사람들을 접했죠. 한편 매력적인 사람, 우스갯소리를 잘하는 사람, 세상에서 가장 친절한 것 같은 사람도 만났습니다. 보통의 사람들과 어울리면서 저는 인간성은 예측 불허라는 사실을 깨달았습니다.

대학원생들 중에 태도가 거칠거나 이상해서 다른 학생들

이 자꾸 피하는 학생이 있다면 그 학생은 다른 일을 찾아보는 게 좋을 것입니다. 제가 대학원에 다닐 때 저희 클래스에 주위 사람들을 불안하게 만드는 심리치료사가 한 명 있었습니다. 롭은 다른 사람들을 위축되게 만드는 일을 즐기는 듯 보이는 냉혹하고 냉소적인 사람이었습니다. 우리는 기초 심리치료 수업을 수강했는데 어느 날 롭이 진행한 상담치료실습 녹화영상을 보고 경악을 금치 못했습니다. 주립정신병원에서 실습을 하면서 그는 내담자에게 정신 발작을 일으켰습니다. 그의 첫 번째 내담자는 우울증에 걸린 영문학 전공 학생이었는데 그는 그 학생에게 적대적인 질문들을 퍼부어 결국 울음을 터뜨리게 만들었습니다("정말로 내가 그 말을 믿을 거라고 생각합니까? 당신은 나를 조종하려 하고 있지 않습니까? 조금 더 똑똑하게 행동하는 건 어때요?") 담당 교수는 망연자실한 표정으로 아무 말도 하지 않았습니다. 몇 주 후, 롭은 실험 심리학으로 전공을 바꿨습니다. 실험쥐와 대부분의 시간을 보내는 곳이죠.

)

우리가 일에서 누릴 수 있는 사치 중 하나는 이상주의를 지켜나갈 수 있다는 것입니다. 경찰이나 임대주, 술집 주인과는 달리, 심리치료사들은 이 분야에서 경력을 쌓아갈수록 사람들을 더 좋아하게 되는 경향이 있습니다. 다른 사람들의 관점에서 세상을 이해하게 되기 때문입니다. 우리는 대부분의 사람들이 좋은 사람이 되고 싶어 한다는 사실을 잘 알고 있습니다.

직접 내담자가 돼본 경험은 심리치료사가 되기 위해 받은 가장 좋은 수업 중 하나였습니다. 상담 약속을 잡기 위해 처음 전화를 걸었을 때 어색함에 목소리가 잘 나오지 않았습니다. 나 자신이 우둔하고 나약해진 느낌이 들었습니다. 저는 실패를 인정하고 타인과 비밀을 공유한다는 것이 얼마나 힘든 일인지 깨달았습니다. 제 심리치료사가 저에 대해 어떻게 생각할지에 지나치게 신경을 썼고 그의 아주 사소한 말 하나하나까지 심각하게 받아들였습니다. 심지어 그가 어떤 종류의 펜을 사용하는지, 몇 초마다 눈을 깜박이는지에도 신경을 썼습니다.

제 심리치료사는 목소리 톤이 낮은 남자였는데 가식이 전혀 없었습니다. 저는 매주 토요일 아침에 그의 집에서 그를 만났습니다. 그의 아내는 저를 작은 상담실로 안내하고서 커피 한잔을 가져다주곤 했습니다. 그는 빙그레 미소를 지은 후 어떻게 지냈는지 묻고 그런 다음 제 대답을 경청했습니다. 그는 저를 분석하지도 않았고 좀처럼 조언을 건네지도 않았습니다. 때때로 그는 가벼운 농담을 던졌습니다. 대부분 그는 친절했습니다.

한번은 제가 어떤 감정이 드는지 묘사하는 데 어려움을 겪자 그가 조심스럽게 '화가 나다angry'라는 단어를 제시했습니다. 그는 제가 그동안 쉽게 인정하지 못했던 감정에 이름을 붙이도록 도왔습니다. 제가 그렇게 인정할 준비가 된 바로 그 순간에 말이죠.

)

좋은 심리치료사들은 애매모호함을 잘 참습니다. 한 인간이 처한 상황은 다채롭고, 다면적이고, 특별합니다. 하나의 방식이 모든 경우에 다 적용될 수는 없습니다. 결국, 대부분의 질문에 대한 대답은 "그건 상황에 따라 다릅니다"가 될 수밖에 없습니다. '이 방법이 아니면 절대 안 돼'라고 생각하는 완고한 심리치료사들은 결국 실패하게 됩니다. 흑백논리에 근거한 이런 자부심은 회색빛 세계에 살고 있는 내담자들을 미칠 지경으로 만듭니다. 우리 동네에는 히트곡이 하나밖에 없는 가수와 비슷한 심리치료사가 있습니다. 그의 내담자들은 모두 문제가 무엇이든 성격이 어떻든 간에 관계없이 단 한 가지 방법의 심리치료만을 받습니다. 행동 변화에 중점을 두고서 문제에 직접 부딪치는 단기 심리치료입니다. 하지만 어떤 내담자들에게 이 방식은 아무 소용이 없거나, 심지어 해로울 수 있습니다.

저는 문제에 '복잡하다'라는 이름표를 붙이는 방법을 사용하는데 이 접근법이 더 효과적이라고 생각합니다. 내담자들은 자신이 대충 범주화되어 분류되지 않는다는 사실에 안도감을 느낍니다. 이 방법은 자신의 상황이 복잡하다고 설명하는 사람들을 존중하는 태도입니다. 만약 문제가 간단하다고 느꼈다면 내담자들이 심리치료를 받으러 올 일도 없었을 것입니다. 일방적인 판단이 개입되지 않은 '복잡하다'라는 단어는 시간과 공간을 벌어줍니다. 상황을 깊이 분석하여 새롭고 놀라운 진실을 알아낼 수 있는 가능성을 열어줍니다.

심리치료사들은 참과 거짓을, 깊음과 얕음을, 일시적인 것과 장기적인 것을 구분할 수 있어야 합니다. 우리에게 필요한 것은 헤밍웨이가 말한 "거짓을 한눈에 알아볼 수 있는 직관"입니다. 갈피를 잡지 못하는 생각과 정직하지 못한 긍정적 확언은 절대 그 누구에게도 도움이 되지 않습니다. 한 심리치료기관에서 상냥하고 다정하지만 머리가 텅 빈 심리치료사를 만난 적이 있습니다. 그녀는 제게 자신은 모든 사람에게 무조건적이고 긍정적인 관심을 보인다고 말했습니다. 심지어 사이코패스와 경계성 성격장애 환자에게도 그렇다고 했습니다. 그녀는 비틀스의 노래 제목을 인용해서 말했습니다. "우리에게 필요한 것은 오직 사랑뿐이잖아요." 저는 속으로 생각했습니다. '내담자들에게는 그것보다 훨씬 많은 것이 필요해요. 거의 모든 내담자들에게는 명료함과 균형감이 필요하죠. 몇몇 내담자들은 엉덩이를 걷어찰 필요가 있고요.'

'일방적인 판단이 개입되지 않았다'는 말은 무차별적이라고 해석될 여지가 있고, 개방성은 방향성 없음을 의미할 수도 있습니다. 심리치료 분야에도 다른 분야와 마찬가지로 생각이 없는 사람들, 이상한 에이전트들, 집적대는 의사들이 있습니다. 좋은 심리치료사들은 예전의 상식을 유지하는 일과 새로운 생각을 고취하는 일 사이에 놓인 평균대 위를 균형을 잘 잡고 걸어가야 합니다. 우리의 이해가 심오한지 혹은 우리의 조언이 적절한지 우리는 절대 확신할 수 없습니다. 우리가 하는 일의 대부분은 자연과학이 아닙니다. 그보다, 심리치료에는 체계적인 지식과 직관, 친절이 필요합니다. 심리치료에서 정말로 힘을 발휘하는 것은 진짜 사람과 진짜 사람이 서로 연결되는 일입니다.

좋은 심리치료사가 갖춰야 할 자질들의 어마어마한 목록에 겁먹지 말기 바랍니다. 이런 자질들은 이 분야에 흥미를 느끼는 사람들 대부분에게서 자연스럽게 발현됩니다. 이것이 바로 우리가 심리치료사로 일하는 이유입니다. 우리는 사람들이 가진 문제와 씨름하는 일을 잘하고 또 좋아합니다. 로라, 경험이 부족한 것만 제외한다면, 당신은 좋은 심리치료사가 되기 위해 갖춰야 할 모든 것을 이미 모두 갖추고 있다는 사실을 잊지 말기 바랍니다.

모든 리듬은
서로 속도를 맞춥니다

✳

1월 3일

우리는 라코타족이 '펑 하는 소리를 내며 터지는 나무들의 달'이라고 불렀던 계절에 있습니다. 이렇게 불린 이유는 매년 이맘때마다 눈보라가 커다란 소리를 내며 나뭇가지들을 부러뜨리기 때문입니다. 2월은 '티피*에 낀 서리의 달'이라고 불립니다. 3월 말은 '설맹▦▦의 달'이라고 불립니다. 대자연인 달에 빗대어 붙인 이런 이름들은 라코타족이 자연환경에 대해 얼마나 끈끈한 유대감을 갖고 있었는지 엿볼 수 있게 해줍니다. 저는 우리가 이런 이름들을 요즘에도 사용하면 얼마나 좋을까, 이런 생각을 합니다.

저는 지금 크리스마스 장식을 치우면서 작년 크리스마스에 받은 카드들을 마지막으로 한 번 더 보고 있습니다. 제 내

◆   과거 북미 원주민이 살았던 원뿔형 천막.

담자인 산드라는 자신의 반려견 사진을 보내주었습니다. 올해에 플라시도는 미국 국기를 목에 두르고 혀를 쑥 내민 채 정원에 서 있습니다. 산드라는 도넛을 만들어서 팔며 생계를 꾸립니다. 산드라는 플라시도를 중심으로 자신의 삶을 구축했고, 플라시도와의 관계에서 만족감과 우정을 느꼈습니다. 지난 몇 년간 저는 플라시도의 사진들을 서랍 하나가 꽉 차도록 받았습니다. 산드라와 플라시도는 반려동물이 사람에게 얼마나 중요한지를 새삼 일깨워줍니다.

많은 내담자들이 반려동물과의 관계에 의지해 위기의 순간을 벗어납니다. 도넬라는 항상 반려동물을 키우고 싶어 했지만 그럴 수 없는 이유가 수도 없이 많았습니다. 고양이털 알레르기가 있는 데다 원룸형 아파트에 살고 있고, 무엇보다 고양이 사료, 고양이 모래, 동물병원 등의 비용을 감당할 형편이 되지 않았습니다. 그러던 중 9·11 테러가 일어났고, 이후로 도넬라는 직장에서 업무에 집중할 수가 없었습니다. 도넬라는 동물보호단체인 휴먼 소사이어티에서 새끼 샴 고양이를 입양했습니다. 그녀는 이렇게 말했습니다. "소피가 없었다면 저는 프로작과 메타뮤실*에 의존하며 살아야 했을 거예요."

반려동물을 잃는 일은 사람들이 예상하거나 우리 문화에서 일반적으로 인정하는 것보다 훨씬 더 고통스럽습니다. 많은 내담자들은 반려동물을 잃은 일에 대해 흐느끼며 이야기하

---

*   각각 우울증 치료제와 섬유질 보충제의 상품명.

면서 미안해합니다. "이 일로 이렇게나 괴로워하다니 저 자신이 바보처럼 느껴져요." 하지만 많은 경우 그들은 이렇게 덧붙입니다. "저는 부모님이 돌아가셨을 때보다 지금 더 많이 울고 있어요." 반려동물들은 우리의 마음 깊은 곳에 자리해 있습니다. 인간 중심적인 우리의 문화권에서 이를 인정하려 들지 않을 뿐이죠.

)

제인 구달 박사가 나오는 〈아이들과 대자연Children and Nature〉이라는 다큐멘터리가 있습니다. 이 다큐멘터리는 심각한 심리적 문제를 가진 아이들이 스스로 반려동물을 선택할 수 있는 캠프에 참가한 이야기를 담고 있습니다. 처음에 직원들은 아이들이 동물들을 학대하지 않는지 확인하기 위해 아이들을 엄중히 감시합니다(안타깝게도, 정서적 장애가 있는 아이들에게서 동물을 학대하는 일이 매우 흔하게 일어나기 때문입니다). 이 아이들은 점점 더 동물들을 좋아하게 되고 마침내 자신만의 반려동물을 선택하게 됩니다. 그런데 이들 중 많은 아이들이 자신의 반려동물을 만지기를 주저합니다. 자신이 동물을 다치게 할까 봐 두려워하는 것입니다. 이 아이들은 스스로를 파괴적인 존재로밖에 경험해보지 못했습니다. 그렇기 때문에 자신이 사랑하는 무언가를 뜻하지 않게 다치게 할지도 모른다고 지레 겁을 먹습니다. 반려동물을 돌보고 반려동물과의 관계를 발전시켜나가면서, 아이들은 반려동물이 자신에게 생존을 의존하고 있다는 사실을 깨닫습니다. 그리고 태어나서 처음으로 무조건적이고 긍정적인 관심을 스스로 경험하게 됩니다.

동물들은 시계의 시간에 맞추어 살지 않습니다. 컴퓨터의 시간이나 전자레인지의 시간에 맞추어 살지 않는 것은 물론이고 말이죠. 최근에 저는 아이들이 자신이 키우는 소를 선보이는 박람회에 갔습니다. 그날 아이들과 함께 걸어 다니면서 이런 생각이 들었습니다. 이 소들은 천 년 전의 소들이 움직이던 속도와 정확히 같은 속도로 움직이고 있겠구나. 요즘 시대에, 소의 속도에 맞춰 아이들의 삶의 속도를 늦추게 한다면 그 자체로도 심리치료의 효과가 있을 것입니다.

모든 리듬은 서로 속도를 맞춥니다. '엔트레인먼트entrainment'는 유기체들이 함께 있을 때 금방 서로 리듬을 맞추는 생물학 법칙을 말합니다. 자연에 있을 때 우리는 속도를 늦추게 됩니다. 그럴 때 놀라운 일들이 벌어지곤 하죠. 지난 8월, 저와 제 며느리는 들판에 담요를 깔고 그 위에 나란히 누운 채 페르세우스 유성우를 함께 봤습니다. 청량한 풀 내음을 음미하고 떨어지는 별들을 세면서 며느리와 저는 우리가 지금껏 나눴던 대화 중 가장 순수한 대화를 나눴습니다. 우리는 우주 공간의 생명체, 죽음, 신, 그리고 시간에 대해 이야기를 나눴습니다.

로라, 당신은 암벽등반과 카누를 즐기니까 자연이 인간에게 미치는 영향에 대해 잘 알 거라고 생각합니다. 강물이 흐르는 속도에 몸을 맡기면 호흡도 바뀝니다. 나무들의 냄새와 철

썩거리는 물소리에 온몸의 감각이 활짝 열립니다. 남아프리카 공화국의 호사족은 태양이 뜨고 지는 것과 달이 차고 기우는 것을 아무도 알아차리지 못하는 때가 오면 인류 공동체가 멸망하게 되리라고 믿습니다. 저도 같은 생각입니다. 자연에 관심을 끊고 사느라 '체리가 익는 달'이 언제인지도 모른다면, 우리는 과연 무엇에 관심을 두고 살고 있는 것일까요?

)

아마 우리가 자연으로부터 받은 가장 큰 선물은 매우 중요한 어떤 것을 이해하는 순간일 것입니다. 이론적으로는 쇼핑몰에서도 깊은 통찰을 얻을 수 있습니다. 하지만 대개의 경우 통찰은 이런 곳에서 우리에게 찾아오지 않습니다. 깊은 통찰은 조용하고 느리게 흐르는 시간 속에서 불현듯 모습을 드러내곤 합니다.

짐과 저는 포크송 가수인 부치 핸콕과 야영을 한 적이 있습니다. 우리는 텍사스주와 멕시코의 경계에 있는 빅벤드 국립공원을 따라 여행을 했습니다. 공원에는 오코티요의 꽃들이 양초처럼 생긴 긴 가지들 끝에 불꽃처럼 활짝 피어 있었습니다. 페커리와 코요테가 능수버들, 벨라돈나풀, 메스키트 나무 사이를 어슬렁거리고 다녔습니다. 우리는 하루 종일 카누를 타고 리오그란데강을 거슬러 올라갔습니다. 초저녁이면 텐트를 치고 저녁식사를 준비하며 이런저런 이야기를 나눴습니다.

어느 날 저녁, 정치에 대한 대화를 나눴고 기분이 몹시 우울했습니다. 구름 낀 하늘과 피로감을 주는 한기 때문이었죠. 바로 그때, 갑자기 태양이 구름을 벗어나 모습을 드러냈고 협곡의 벽을 영롱한 구릿빛으로 불태웠습니다. 부치가 저를 쳐다보며 말했습니다. "보세요, 잘 보세요. 이런 일이 정말로 일어날 수 있다니까요." 부치가 얼마나 깊은 뜻을 담아 이렇게 말했는지는 잘 모르겠습니다. 하지만 제게는 이 광경이 굉장한 메타포처럼 느껴졌습니다. 몹시 낙담할 일이 생길 때마다 저는 붉게 타오르던 협곡의 벽을 떠올리며 스스로에게 말합니다. "좋은 일들이 생길 거야."

로라, 깊은 통찰의 순간을 우리 마음대로 조절할 수는 없습니다. 하지만 해질녘에 산책을 하거나 별이 빛나는 밤에 풀밭에 담요를 깔고 누워 거위가 달을 가로질러 무사히 날아가거나 오동나무 꽃이 내담자들의 머리 위로 눈처럼 우수수 떨어지기를 마음속 깊이 희망할 수는 있습니다.

머리로만 사는 사람들과 상담을 할 때면 반려동물을 키우라고 추천해보세요. 벽난로 앞에서 장난을 치는 새끼 고양이만큼 사람의 마음을 차분하게 해주는 것은 없답니다. 사무실에서 긴 하루를 보낸 후 지친 몸으로 집에 돌아왔을 때, 충성스러운 개의 호들갑스러운 인사는 대부분의 사람에게 도움이 됩니다. 마음이 금세 따뜻해지죠. 로라, 다음번에 제 상담실에 놀러오면 플라시도의 가장 최근 사진을 보여줄게요.

모든 가족들은 조금씩
정상이 아닙니다

2월 3일

작가 애니 딜러드는 "독서를 하면서 보낸 하루는 잘 보낸 하루다"라고 말했는데, 2월이라는 시간에 가장 걸맞은 말인 것 같습니다. 1년 중 이맘때가 되면 저는 대개 난로 옆에서 책을 읽으며 저녁 시간을 보냅니다. 보통은 일과 관련된 전문 서적과 논문으로 시작하지만 한 시간쯤 지나고 나면 윌라 캐더나 앤서니 트롤로프의 소설처럼 오래전부터 좋아하던 책으로 손이 갑니다. 집 바깥은 살이 에일 듯이 춥고 희미한 별빛 말고는 사방이 온통 새까맣습니다. 하지만 집 안은 밝고 따뜻하죠. 둘 사이의 극명한 대비가 기분 좋게 느껴집니다.

)

어젯밤 저는 '심화단기 심리치료deep brief therapy'에 관한 사례를 하나 읽었습니다. 이 치료법은 몇 번의 상담만으로 내담자를 크게 변화시킬 수 있다고 말합니다. 하지만 저는 이 개념이 가짜처럼 여겨졌습니다. 사람들과 관계를 맺는 데는 시간이 걸립니다. 누군가는 급박한 상황에서는 핵심적인 조언을 단시간에 제공할 수도 있지 않냐고 주장할지도 모르지만, 만약 그렇게 한다면 우리는 내담자들에게 제공할 수 있는 '또 다른 것'의 가치를 약화시키고 말 것입니다. 바로 자신의 상황을 신중하게 탐색해볼 수 있는 조용하고 차분한 장소를 제공하는 것 말입니다. 게다가 내담자의 삶의 여러 가지 측면에 대해 잘 모르는 상황에서 갑자기 근본적인 대책과 원대한 계획으로 내담자를 변화시키려 든다면 내담자에게 오히려 피해를 입힐 가능성이 매우 높습니다.

제가 어젯밤 접한 사례는 한 흑인 여성의 사례였는데, 이 여성은 그닥 좋아하지 않는 남성과 함께 살고 있고 몹시 싫어하는 직장에서 일을 하고 있었습니다. 그녀는 항우울제를 계속 복용해왔고 자신을 "만성적으로 우울하다"고 묘사했습니다. 심리치료사는 가족에 대해 물었고 그녀는 어머니가 어떤 장례식에서 자신에게 깊은 상처를 주는 말을 했던 것을 기억해냈습니다. 심리치료사는 그 말이 내담자의 우울증의 원인이라고 단정했습니다. 그는 내담자의 어머니가 내담자의 감정 표현 능력을 영구적으로 억눌러버렸다고 생각했습니다. 가능성이 있는 다른 문제들, 가령 마음에 안 드는 직장, 무심한 파트너, 친구들의 부재 등은 무시했습니다. 게다가 내담자의 운동 습관, 알코올 의존이나 약물 남용, 흑인 여성이 미국에서 맞닥뜨릴 수밖에 없는 심각한 문제들에 대해 자세히 알아보지도 않았습니다. 그 대신 내담자가 자신의 어머니에 대한 분노와 대면하도록 도왔습니다. 내담자의 말 한마디에만 근거해 이 심리치료사는 심화단기 심리치료를 성공적으로 이끌기 위해 내담자의 어머니를 악마로 만들었습니다. 이 상황은 무엇이 잘못되었을까요? 이 심리치료사는 내담자에 대한 정보가 거의 없다시피 한 상태에서 내담자에게 자기 역사를 다시 쓰고 미래의 계획을 다시 세우라고 부추겼습니다. 덧붙여서, 그는 '주관적 진실subjective truth'을 존중하는 일이 매우 중요하다고 강조했습니다. '주관적 진실'은 내담자들이 과거에 일어난 일들에 대해 어떻게 느끼는지를 가리키는 불분명한 용어입니다. 저는 심화단기 심리치료가 오히려 화를 자초하는 처방이라고 생각합니다. 이 심리치료사는 모래 위에 고층 건물을 지은 것이나 마찬가지였습니다.

많은 내담자들이 우리에게 오는 이유는 그들의 주관적 진실들이 뒤틀려 있어 그들의 삶을 왜곡하고 있기 때문입니다. 심리치료사의 가장 중요한 임무 중 하나는 내담자들이 이런 주관적 진실들을 자세히 검토하고 이것들을 더 정확한 현실로 대체하도록 돕는 것입니다.

저는 이 사례에서 어머니가 실제로 어떤 사람인지 알지 못합니다. 하지만 그건 이 심리치료사도 마찬가지입니다. 불만을 품고 있지 않은 아이란 세상에 없습니다. 모든 아이들은 불만을 품고 있습니다. 자신이 진정으로 이해받는다고 느끼는 사람은 아무도 없습니다. 저는 『야야 시스터즈의 신성한 비밀』이라는 소설에 나오는 캐릭터인 셉 워커가 한 말을 무척 좋아합니다. "충분한 사랑을 받았어?"라는 질문을 받고서 그는 이렇게 대답하죠. "어느 정도가 충분한 건데?"

이 사례의 심리치료사는 이 여성의 불행은 가족의 잘못이 분명하다고 불확실한 추정을 내립니다. 사실, 양육과 아이의 성공과의 관계는 매우 복잡하고 예측하기가 힘듭니다. 정직한 부모 밑에서 자란 아이가 항상 정직한 것은 아닙니다. 제가 아는 매우 건전한 한 여성은 알코올의존자인 어머니 밑에서 자랐습니다. 제가 상담실에 만난, 불행해하는 성인들 중 일부는 아이를 최우선으로 치는, 매우 세심한 가정에서 자랐습니다. 때로는 사람 좋은 부모들이 아이와 관련해 엄청난 불운을 겪기도 하는 반면, 아무렇게나 되는 대로 사는 부모들 밑에서 크게 성공하는 아이가 나오기도 합니다. 한 가족 안의 형제자매들도 정신건강 수준이 하늘과 땅 차이일 수 있습니다.

프로이트 이후로 심리학자들은 가정을 병리학의 온상으로 여겨왔습니다. 심리치료사들에게 가정이 그 구성원들에게 안기는 부정적 역학관계, 숨은 메시지, 비정상적인 압력 등을 탐색하라고 가르쳐왔습니다. 우리는 내담자들에게 자신이 상처를 입었거나 오해를 받았던 순간들, 실수들, 무시들을 다시 기억해내게 합니다. 내담자들이 기억을 되찾는 동안 우리는 심지어 내담자들이 그동안 잊고 지냈던 트라우마들을 기억해내도록 '돕기도' 합니다.

심리치료사로 30년을 일해왔기 때문에 저도 가정 안에서 끔찍한 일들이 벌어진다는 사실을 잘 알고 있습니다. 한번은 미용사인 어머니가 딸에게 매우 화가 나서 딸의 머리에 화상을 입힌 사례를 본 적도 있습니다. 근친상간의 피해자들 그리고 부모에게 버림받은 아이들을 상담한 적도 많습니다. 중년 남성 사업가들이 자신의 비열한 아버지들와의 관계에 대해 대화를 나누며 오열하는 모습을 본 적도 있습니다. 그렇지만 저는 가족을 미워하면 자기 자신을 미워할 수밖에 없다는 사실 또한 알고 있습니다.

역사적으로 심리치료사들은 '역기능 가정'이라는 개념을 이용해 성인의 고통이나 실패를 설명해왔습니다. 하지만 이렇게 하는 동안 우리는 문화의 영향을 크게 무시했습니다. 가령, 의미 없는 직장, 먼 통근 거리, 직장 내 괴롭힘, 그리고 빈곤, 전쟁, 비명횡사, 환경 재앙에 대한 공포의 영향 등을 무시했습니다. 또한 인간의 역사가 시작된 이래로 사람들이 늘 알고 있었던 명백한 사실을 간과했습니다. 바로 '자신의 삶에 만족하는 사람은 거의 없다'는 사실 말입니다.

많은 심리학 이론들은 가족에게 우호적이지 않습니다. 우리는 '자율성'이나 '독립성'과 같은 긍정적인 단어로 가족들

사이의 거리감을 칭송하고, '상호의존적'이나 '밀착되고 얽힌'과 같은 부정적인 단어로 가족들 사이의 친밀감을 처벌합니다. '정서적 근친상간' 같은 용어로 가족들 사이의 애정 표현에 병적 행위라는 누명을 씌웠고 사람들로 하여금 사랑의 본질에 대해 혼란에 빠지게 만들었습니다. 가족이 어떤 짓을 하는지에 대해서는 자세히 설명하면서도, 정작 가족이 그들을 '위해' 어떤 일을 하는지에 대해서는 정확하게 짚지 않았습니다. 또한 내담자들에게 자녀의 방문을 갈망하는 노모, 부모의 관심을 갈구하는 아이, 서로 간의 지지가 필요한 형제자매에게 신경을 끄고 자기 자신의 꿈만을 좇으라고 부추겼습니다.

가족은 불완전한 집단입니다. 동시에 우리에게 의미, 유대감, 기쁨을 주는 가장 큰 원천이기도 하죠. 사십대 초반의 한 어머니가 기억납니다. 고등학교에 다니고 있는 세 아이들이 곧 가족의 품을 떠나 세상으로 훨훨 날아갈 터였죠. 그녀는 '예기애도anticipatory grief'◆의 문제 때문에 상담실을 찾아왔습니다. 그녀는 이렇게 말했습니다. "집 주위에 못을 파서 누구도 들어오거나 나가지 못하게 한 채 우리 가족 모두 그냥 계속 다 같이 살면 좋겠어요. 우리는 정말 행복하게 살았단 말이에요." 제 딸이 다섯 살 때 자기 아빠에게 얼굴을 비벼대며 "좋아죽겠어"라고 말하던 모습이 떠올랐습니다.

물론 심리치료사로서 우리들은 아픈 감정, 성난 감정에

◆   임박한 상실 이전에 생기는 비탄의 감정.

대해 내담자들과 이야기를 나누어야 합니다. 그리고 때때로 내담자들은 자신이 가족 안에서 무엇을 참고 무엇을 참지 않을지에 대해 대차대조표를 작성하고 한계를 설정해야 합니다. 그렇지만 우리의 목표는 언제나 가족관계를 더 튼튼하게 하는 것이어야 합니다. 심지어 매우 폭력적인 가정에서 자란 내담자에게도 이렇게 말할 수 있어야 합니다. "가족 중에 사랑할 만한 누군가를 찾으세요. 육촌 형제라고 해도 상관없어요. 그 사람을 찾아서 가족관계를 구축하세요. 모든 사람에게는 친족이 필요합니다."

)

가족들은 스스로 이러지도 저러지도 못할 때 우리를 찾아옵니다. 그들이 어떤 한 가지 문제를 해결하려고 노력하는 방식이 전체 상황을 더 악화시킬 수도 있다는 뜻입니다. 어떤 아내는 남편의 관심을 받기를 원하기 때문에 불평불만을 늘어놓습니다. 남편은 아내가 자신을 괴롭힌다고 느끼고 더 멀리 물러섭니다. 또 어떤 부모는 십대 자녀와 대화를 많이 나누고 싶어서 자녀에게 이것저것을 캐묻습니다. 자녀는 더 입을 꽉 다물고, 그 결과 부모는 아이에게 더 성가시게 굴게 됩니다.

문제에 부딪힌 가족에 대해 이야기하고 있자니 윌슨 씨 가족이 생각납니다. 윌슨 씨는 붉은 곱슬머리에 가죽 재킷을 즐겨 입는 오토바이광이었습니다. 그의 두 아들 또한 아버지와 똑같이 검은색 가죽 재킷을 입고 구불구불한 붉은 곱슬머리를 자랑했습니다. 이 가족이 상담실을 찾은 이유는 아버지가 그랬던 것처럼 두 아들이 모두 고등학교에서 낙제를 했기 때문이었습니다. 부모는 아들들이 학업을 지속해야 한다고 주장했지만 아들들은 등교와 숙제를 거부하는 방법으로 자신들의 남자다움을 드러내고, 아버지와의 동일시를 보여줬습니다. 그날 상담실에서 윌슨 씨 가족들은 성적과 교사회의에 대해 심각하게 이야기를 나누었습니다. 하지만 어느 날 오후 아이스크림 가게에서 우연히 마주쳤을 때 그들은 완전히 딴판이었습니다. 그들은 바나나 스플릿*을 앞에 두고 깔깔거리며 웃고 있었습니다. 그리고 잠시 후 헬멧을 쓰고서 부르릉 소리를 내며 석양 속으로 사라졌습니다. 현실 세계에서 윌슨 씨네 가족을 보면서 저는 심리치료는 내담자들의 삶에서 극히 일부에 불과하다는 사실을 깨달았습니다. 우리에게는 내담자들의 삶에서 제대로 작동하고 있는 다른 부분들을 망가뜨리지 말아야 할 책임이 있습니다.

제가 대학원에 다니던 즈음부터 가족들에 대한 냉혹한 관점이 조금 누그러진 것 같습니다. 긍정심리학 운동이 있었고 많은 임상의들이 자신의 태도를 새고했습니다. 문화의 유독성이 점점 심해지는 상황에서 대부분의 심리치료사들은 요즘 부모들이 어떤 어려움들을 직면하고 있는지 잘 알고 있습

◆　　바나나를 길게 가르고 그 속에 아이스크림, 견과류 등을 채운 디저트.

니다. 우리는 가족들을 분석하기보다 지지해주어야 합니다. 그럼에도 불구하고, 로라, 당신은 지도교수로부터 수퍼비전을 받을 때나, 전공서를 펼쳐볼 때, 교실에서 수업을 들을 때 가족에 대한 맹비난을 수없이 접하게 될 것입니다. 부디 냉철한 시각을 지니고 취할 건 취하고 버릴 건 버리기 바랍니다.

)

모든 가족들은 조금씩 정상이 아닙니다. 하지만 그것은 모든 인간이 약간씩 정상이 아니기 때문입니다. 우리가 내담자들을 그들의 가족으로부터 멀어지게 만든다면, 우리는 막중한 책임을 짊어져야만 합니다. 만약 우리가 내담자에게서 가족에 대한 믿음을 없애버린다면 무엇으로 그것을 대체할 수 있을까요? 자신의 가족을 믿을 수 없다면 도대체 누구를 믿을 수 있을까요?

만약 어떤 내담자가 로라 당신에게 자신의 아내보다 이해심이 훨씬 더 깊은 것 같다고 말한다면 이렇게 대답하세요. "하지만 저는 당신을 매일 아침 식탁에서 보지 않는걸요. 거리를 두기가 더 쉽죠. 당신과 일주일에 한 시간만 만나면 될 뿐이지 마당의 잔디를 깎으라고 잔소리를 할 필요가 없죠." 어떤 내담자가 "저는 정상적이지 못한 가족 안에서 자랐어요"라고 운을 뗀다면 이렇게 말하세요. "당신의 가족을 어떻게 부를지에 대해 너무 신경 쓰지 말기로 합시다. 실제로 어떤 일이 있었나요?" 어떤 내담자가 "제 절망감은 다 부모님 책임이에요"라고 넋두리를 늘어놓는다면 이렇게 말하세요. "우리는 그 문제에 대해 이야기를 나눌 수 있어요. 하지만 행복해지기 위해 당신 스스로 무슨 일을 할 수 있을지에 대해 이야기를 나눌 수도 있어요."

가족은 온갖 결함에도 불구하고 우리에게 얼마 안 남은 진정한 피신처 중 하나입니다. 내담자가 직장에서 잘리거나, 병원에 입원하거나, 볼링대회에 응원와줄 누군가가 필요하다면, 거기에 있어줄 사람은 바로 내담자의 가족이지 심리치료사가 아닙니다. 시인 로버트 프로스트의 말을 인용해볼까요? "집은 당신이 필요할 때면 언제나 당신을 받아들여야 하는 곳이다." 또한 같은 시에서 그는 가족을 "당신이 어떤 자격을 갖출 필요가 없는 곳"이라고 했습니다.

가족들을 만날 때면 그들이 당신의 도움 없이 수천 가지의 문제들을 지금껏 잘 해결해왔다는 사실을 절대 잊지 말기 바랍니다. 당신은 그들을 그들 인생의 2월에 만나겠지만 언제까지 항상 2월이지만은 않을 것입니다. 곧 6월이 찾아올 테니까요. 사뿐사뿐 가벼운 걸음으로 걸어가기 바랍니다. 고장 나지 않은 것을 에써 고치려 들지 말기를 바랍니다.

치료 심화하기

※

2월 7일

지난 며칠 동안 아이오와주에 있는 손녀의 집에 꼼짝없이 간혀 있었습니다. 텔레비전으로는 도로 상황에 대한 뉴스를, 창밖으로는 눈보라를 보면서 실내에서 뒹굴고 있자니 그보다 더 행복할 수가 없더군요. 손녀인 케이트는 생후 8개월인데 함께 있으면 모든 감각이 즐거워집니다. 케이트를 만지고, 쳐다보고, 케이트가 이런저런 사랑스러운 소리로 옹알거리는 걸 듣는 일은 정말 즐겁습니다. 제 아들 지크가 케이트와 춤추는 걸 지켜보는 일도 흐뭇하고 기쁩니다. 지크와 케이트는 아버지와 제가 춤을 추던 모습을 떠올리게 합니다. 유일한 차이가 있다면 지크와 케이트가 밴 모리슨의 노래에 맞춰 춤을 춘다면 아버지와 저는 듀크 엘링턴의 노래에 맞춰 춤을 췄다는 것뿐이죠.

손녀의 눈에서 제 할머니의 눈을 볼 수 있습니다. 케이트의 어떤 몸짓들은 어머니를 떠올리게 합니다. 이처럼 아들네를 방문하고 나면 저는 시간의 흐름에 대해 생각하게 되면서, 만약 내가 운이 좋다면 칠대代에 걸친 가족들을 알 수도 있겠다는 생각이 듭니다. 증조할머니부터 케이트의 아이까지 말이죠. 저는 제가 케이트의 삶에서 어떤 역할을 할 수 있을지에 대해서도 생각합니다. 저는 케이트가 자신의 잠재력을 완전히 발휘하기를 바랍니다. 자신의 재능을 이용해 인류에게 봉사할 수 있도록 말이죠.

심리학자인 프랭크 피트먼은 평생에 걸친 발달 과정을 '영혼의 성장'이라고 칭했습니다. 내담자들은 대개 구체적인 문제를 가지고서 우리들을 찾아옵니다. 가게에서 물건을 훔치다 체포되었거나, 잠을 잘 수 없거나, 쓰레기 같은 직장에 대해 불안감을 느끼지만 차마 그만두지는 못할 때 우리를 찾아오죠. 내담자들은 섭식장애로 고생하고 있거나, 인간관계에서 심한 갈등을 겪거나, 자녀가 학교생활을 제대로 못하고 있습니다. 일반적으로 내담자들은 자신의 위기를 최소한의 노력만 들여 빠르게 극복하고 싶어 합니다. 때때로 우리는 그들이 그렇게 하도록 도울 수 있습니다. 하지만 때로는 이런 현재의 문제들이 다른 모든 것들과 연결되어 있기도 합니다. 알고 보니 특정 문제가 훨씬 더 큰 이슈의 은유이거나 징후인 것이죠.

한 어머니가 아들을 데리고 제 진료실에 찾아온 적이 있습니다. 아들이 학교 컴퓨터 시스템을 해킹한 이유로 체포됐다고 하더군요. 소년은 밤늦도록 컴퓨터 게임을 하며 잠을 자지 않는 경우가 많았습니다. 소년은 비밀스러운 삶을 살고 있었습니다. 컴퓨터뿐만 아니라 친구들, 돈, 시간에 있어서도 말이죠. 소년의 어머니는 몇 년 전에 남편과 이혼했고 소년은 더이상 아버지를 만날 수 없었습니다. 이들은 다른 가족들과도 소원하게 지냈습니다. 이들을 위한 해결책을 마련하기 위해서는 이 어머니와 아들, 그리고 이들이 살아가고 있는 환경을 진심으로 이해해야 합니다.

가슴이 깊게 파인 스웨터에 몸에 딱 달라붙는 청바지를 입고 하이힐을 신은 한 여성은 남편이 더 이상 자신과 함께 시간을 보내지 않는다고 불평했습니다. 그녀는 남편이 바람을 피우고 있다고 의심했습니다. 그녀는 이렇게 말했습니다. "저는 매일 체육관에서 운동을 해요. 결혼했을 때와 정확히 똑같은 몸무게를 유지하고 있죠." 그녀는 이렇게 덧붙였습니다. "만약 남편이 바람을 피우고 있다면 자살해버릴 거예요." 저는 그녀에게 물었습니다. "당신의 삶에 남편 이외에 다른 무엇이 있나요?"

심화된 심리치료 과정에는 표면적으로 드러나는 불편이나 불만들을 파악해서 이것들을 더 깊은 문제들과 연결하는 일도 포함됩니다. 때로는 곤란한 질문들을 던지기도 해야 합니다. 가령 "당신은 자신이 좋은 아버지라고 느낍니까?"와 같은 질문이 그렇습니다. 때로는 "이제 이 문제에 대해 당신 자신을 용서해도 좋지 않을까요?"와 같이 마음을 위로하는 질문을 던지기도 해야 합니다. 생각이 유난히 깊은 내담자들은 결국 폴 고갱의 유명한 질문에 도달합니다. "우리는 어디에서 왔는가? 우리는 누구인가? 우리는 어디로 가고 있는가?"

대부분의 아이들은 자신의 행동에 대해 피드백을 받습니다. 하지만 어른들은 자기 혼자 힘으로 모든 것을 해결해야 합니다. 아무도 이렇게 말해주지 않습니다. "입에 음식을 가득 넣은 채 말하고 있네요", "허리를 곧게 펴고 앉아요", "머리를 빗고 다른 셔츠로 갈아입어요", "본인 뜻대로 되지 않는다고 부루퉁해하지 말아요." 내담자들은 심리치료를 받을 때에도 현실 생활에서와 똑같은 방식으로 생각하고 느끼고 행동합니다. 만약 우리가 그들이 가장 들어야 할 필요가 있는 말을 알아내고, 그들이 귀 기울일 만한 방식으로 이를 말할 수 있다면 우리는 그들에게 큰 도움이 될 것입니다.

하지만 늘 이렇게 할 수 있는 건 아닙니다. 한 CEO를 상담한 적이 있습니다. 그는 사람들을 흥밋거리로만 생각하고 사람들이 자신을 떠받들고 자신을 즐겁게 해줘야만 한다고 생각했습니다. 그가 심리치료를 받으러 온 이유는 여성들이 그의 곁에 머무르려고 하지 않았기 때문입니다. 그는 손쉽게 여성들을 유혹하고 침대로 데려갔습니다. 하지만 그의 말에 따르면 "계속 옆에 머무는 여성들은 심장 대신 금전 등록기가 있다"라고 하더군요. 한번은 상담이 끝나고 난 후에 도널드가 백

달러짜리 지폐를 건네면서 말했습니다(당시에 치료비는 45달러였습니다). "잔돈은 가지세요." 저는 그에게 지폐를 밀치면서 물었습니다. "지금 저에게 뭘 하려는 건가요?"

저는 그에게 질문들을 던졌습니다. "당신이 진심으로 사랑하고 존경하는 사람들은 누구입니까? 당신에게 마음을 쓰는 사람들이 있습니까? 당신의 삶은 다른 사람들에게 어떻게 기억될까요? 당신은 이 세상에 어떤 의미 있는 일을 하게 될까요?"

저는 도널드의 대답에 충격을 받았습니다. 그는 인간관계는 돈 벌기에 비해 부차적이라는 가치관을 가지고 있었습니다. 그는 도널드 트럼프와 빌 게이츠를 존경했지만 부모와 형제들은 1년에 한두 번 명절 때 봐야만 하는 귀찮은 존재로 여겼습니다. 그의 삶에는 그를 좋은 사람으로 기억할 사람이 별로 없었습니다. 그래도 저는 희망의 끈을 놓지 않고서 그에게 그의 삶이 이 세상에 어떤 의미를 만들어낼 것 같냐고 물었습니다. 그는 애석하다는 표정으로 저를 쳐다보더니 이렇게 말했습니다. "우리 모두는 결국에는 아무것도 아니게 돼요. 벌레가 먹기 위한 고깃덩어리에 불과하죠." 만약 그가 심리치료 상담을 계속 받았더라면 우리는 이 대답에 대해 논의해볼 수 있었을 것입니다. 하지만 저는 그의 욕구를 충분히 빨리 충족시키지 못했고 그는 금세 떠났습니다. 결국 저는 그를 실망시킨 또 한 명의 심리치료사에 지나지 않게 됐습니다.

초보 심리치료사였을 때, 저는 다음 질문을 여러 형태로 변형해서 내담자에게 물어보라고 훈련을 받았습니다. "다른 사람들이 당신을 어떻게 대합니까? 당신은 그에 대해 어떻게 느낍니까?" 시간이 흐르면서 저의 일은 자신의 행동이 다른 사람들에게 미치는 영향들에 대해 생각해보도록 사람들을 돕는 방향으로 진화했습니다. 이제 저는 이렇게 묻는 경우가 더 많습니다. "당신은 다른 사람들을 어떻게 대했습니까? 그리고 당신은 그들이 어떻게 느끼도록 했습니까?"

좋은 심리치료는 마음의 풍경을 바꾸어야 합니다. 심리치료를 받은 이후 사람들은 세상을 다른 방식으로 살아가게 됩니다. 행동은 바뀔 수 있습니다. 화가 날 때마다 폭력을 휘두르던 사람도 그 화를 대화로 풀 수 있다는 사실을 배우게 됩니다. 사람들은 이전과 다르게 생각하고 느끼게 됩니다. 어떤 아내는 심부름을 하는 것이 남편의 애정 표현 방식이라는 사실을 인정하게 됩니다. 어떤 딸은 아버지가 자신이 원하는 모습의 아버지가 될 일은 결코 없겠지만 어쨌든 아버지를 좋아할 수 있다는 사실을 깨닫습니다.

이 모든 것은 균형의 문제입니다. 저는 소심하고 불안감이 심한 사람들에게 더 강해지고 대담해지라고 격려합니다. 또한 남자다움을 과시하는 남자들에게는 좀 더 온화해지고 좀 더 자기표현을 잘할 수 있도록 독려합니다. 켄이 기억납니다.

그는 술, 도박, 섹스에 대한 욕구를 이기지 못하는 남자였습니다. 저는 그에게 속도를 늦추라고 권했습니다. 저는 그에게 이렇게 물었습니다. "술을 마시거나 도박을 하거나 처음 보는 사람과 섹스를 하기 전에 자기 자신에게 물어볼 수 있을까요?" 저는 켄에게 하루에 몇 분만이라도 방해거리 없이 혼자 앉아서 천천히 호흡을 하고 자신의 감정을 알아차려보라고 권유했습니다. 그는 속도를 늦추는 일을 대단히 두려워했습니다. 그리고 마침내 속도를 늦추는 일에 성공했을 때, 그는 자신의 내면이 황무지라는 사실에 몹시 우울해했습니다. 하지만 몇 주간 슬픈 감정들을 겪은 후 그는 조금 더 나은 결정들을 내리기 시작했습니다.

완고하게 사고하는 경향이 있는 사람들은 오직 극단적인 해결책들만이 가능하다고 여깁니다. 저는 이들에게 다른 방법들도 고려해보라고 제안합니다. 저는 이렇게 묻습니다. "이 문제에서 당신이 간과하고 있는 면들은 없나요? 다른 사람들은 이 문제를 다르게 볼 수도 있을 것 같은데요." 한번은 아들이 자신을 절대 만나러 오지 않는다고 하는 노인을 만난 적이 있습니다. 그는 혼자서 두 가지 해결책을 생각해냈습니다. 하나는 그의 아들과 의절하는 것이고 다른 하나는 자신이 죽은 후에야 아들에게 재산 전부를 상속하는 것이었습니다. 제가 그에게 물었습니다. "아들에게 재산의 일부를 물려줄 수는 없나요? 아들에게 외롭다고 말할 수는 없나요?"

저는 정신없이 바쁜 사람들에게는 속도를 늦추라고 제안

하고 침체된 삶을 사는 사람들에게는 뭔가를 도모하라고 제안합니다. 무기력한 사람들에게서는 열정을 돋우려 애쓰고 자신의 아드레날린에 도취된 사람들은 진정시키려 애씁니다. 슬픔에 빠진 사람들에게는 분노를 표출하기 위해 도움이 필요할 때가 있습니다. 저는 이렇게 말합니다. "'나는 ~에 대해 화가 난다'라는 표현을 이용해 열 개의 문장을 연이어 말해보세요." 반대로 분노에 가득 찬 사람들에게는 분노 밑에 숨어 있는 깊은 슬픔을 경험하도록 도와야 합니다. 저는 이렇게 묻습니다. "분노보다 훨씬 더 마음 아픈 감정은 무엇인가요?" 저는 충동적인 사람들에게는 신중하게 고민하라고 제안하고 지나치게 심사숙고하는 사람들에게는 행동을 취하라고 격려합니다. 이기적인 사람들은 다른 사람을 더 배려하도록 돕고 지나치게 희생하는 사람들은 자기 자신을 더 잘 돌보도록 돕습니다. 내담자들과 저는 함께 힘을 합쳐 중도의 균형을 찾습니다.

몇 년 전, 일본에서 강연을 한 적이 있습니다. 저는 일본이에는 동시에 두 가시, 심지어 세 가지 감정을 묘사하는 단어들이 많다는 사실에 깊은 인상을 받았습니다. 영어에는 그런 단어가 몇 개밖에 없습니다. 아마 'bittersweet 괴로우면서도 즐거운'이나 'poignant 통렬하게 슬픈' 정도일 것입니다. 그렇지만 실제로 우리는 대부분의 경우 한 번에 한 가지 이상의 감정을 느낍니다. 오랜만에 가족 모임을 가지고 헤어질 때면, 저는 작별인사를 하며 슬픔을 느끼는 동시에 조용한 차 안으로 돌아갈 수 있어서 안도감을 느낍니다. 남편에게 화가 날 때에도 그가 최선을 다하고 있을지도 모른다는 생각에 애잔하기도 합니다. 저녁노을을 바라볼 때면 제 마음은 동시에 두 갈래로 나뉩니다. 노을의 아름다움에 환희를 느끼다가도 인생의 유한함에 비애를 느낍니다. 영어에는 일본어처럼 다채로운 감정을 표현하는 단어들이 많지 않지만, 우리는 내담자들이 자신의 복잡한 정서 상태를 구성하는 감정들의 타래를 묘사하도록 도울 수 있습니다. "지금 어떠어떠한 감정들이 드나요?" 내담자에게 이런 질문을 던질 때 우리는 상담을 한층 더 높은 차원으로 가져갈 수 있습니다.

빅토리아 시대의 시인인 엘리자베스 배럿 브라우닝은 이렇게 말했습니다. "세상은 천국으로 가득 차 있다." 나이를 점점 먹어가고 모든 현상에서 삶을 더 가치 있게 여기게 될수록, 저는 파랗고 푸른 행성에서 보내는 시간이라는 선물을 받은 것이 더없이 귀중하게 느껴집니다. 제가 생각하는 가장 큰 비극은 아름다운 어떤 존재가 성장하고 싶어 하는데 다른 어떤 존재가 그것을 저지할 때입니다.

저는 손녀 케이트가 세상을 사랑하고 세상을 지키기 위해서 노력하는 한 인간으로 활짝 꽃피우기를 바랍니다. 또한 저의 내담자들 모두가 그러하기를 바랍니다. 옹알이를 하며 신나게 춤을 추는 제 손녀에게서 그러한 잠재력은 더 쉽게 발견할 수 있을 것입니다. 하지만 심리치료사에게 고액의 팁을 주려고 애쓰는 CEO에게도, 부모에게 불만이 많은 특권의식에 가득 찬 십대 아이에게도 그러한 잠재력은 존재합니다. 로라, 우리 모두의 내면에는 좋은 사람이 될 수 있는 잠재력이 존재합니다. 누군가가 시간을 내어 우리가 그 잠재력을 발견하고 꽃피우도록 도와주기만 한다면 말입니다.

우리 일의 비결은
연결입니다

✳

2월 28일

저는 어머니의 손을 완벽하게 묘사할 수 있습니다. 주근깨와 검버섯이 흩어져 있는 갈색 손등에 지렁이 같은 파란 정맥이 구불구불 불거져 있죠. 아무것도 바르지 않은 정갈한 손톱은 바싹 깎여 있습니다. 종잇장처럼 얇은 어머니의 반투명한 피부는 손등의 섬세한 뼈마디를 매끈하게 덮고 있습니다. 제가 이렇게 어머니의 손을 매우 정확하게 묘사할 수 있는 이유는 지금의 제 손이 어머니의 손과 똑같은 모습을 하고 있기 때문입니다.

시간은 끊임없이 흘러갑니다. 가정에서도 사회에서도 한 세대가 다른 세대를 대체합니다. 훌륭한 심리치료사들 중 많은 분들은 이미 은퇴를 했거나 세상을 떠났습니다. 한때 자신만의 카리스마로 명성을 날리던 심리치료사들이 많이 있었습니다. 프리츠 펄스, 칼 휘터커, 살바도르 미누친, 버지니아 사티어가 떠오르는군요. 모든 권위자 중 가장 위대한 밀턴 에릭슨은 기발한 의견으로 어려운 문제를 단번에 해결해버리곤 했습니다. 한번은 수퍼비전을 받기 위해 찾아온 불안해하는 심리치료사에게 등산을 하라는 최면후암시posthypnotic suggestion◆를 걸어서 그의 불안을 완전히 없애버렸습니다.

)

젊은 심리치료사였을 때 저 또한 신기한 치료법들에 매혹되었습니다. 하지만 점차 정교한 전략, 이중적인 테크닉, 복잡한 역설은 제가 잘할 수 있는 분야가 아니라는 사실을 깨달았습니다. 저는 도발적이지도 신랄하지도 않습니다. 저나 제 내담자들에게는 간단하고 솔직한 방법들이 더 잘 맞았습니다. 또 이런 방법들이 환자를 더 존중하는 방법처럼 느껴졌죠. 저는 제가 대우받고 싶은 대로 내담자들을 대우하려고 노력합니다. 이런 방법들이 실패할 경우에만 더 복잡한 테크닉에 의지합니다.

저는 가장 기본적인 작업을 합니다. 내담자들의 문제에 대해 논의할 뿐만 아니라 그들의 승리를 축하하고 행복한 사건을 기록합니다. 저는 거의 항상 내담자들에게 숙제를 내줍니다. 제가 내주는 가장 기본적인 숙제들은 재미있게 놀기, 좋

◆   최면 상태에서 주어진 암시가 최면에서 깨어난 뒤에 실현되는 현상.

은 일 하기, 운동하기 등입니다. 저는 항상 상담 시간의 마지막 몇 분을 할애해 우리가 함께 보낸 시간에 대해 이야기를 나눕니다. 저는 이렇게 묻습니다. "오늘 같이 이야기를 나눈 방식이 어땠나요?", "우리가 당신의 문제를 조금이라도 작아지게 만들었을까요?"

저는 상담 시간에는 전화를 연결 받지 않습니다. 휴대폰이나 무선호출기도 허용하지 않습니다. 내담자들이 스트레스에 지친 상태로 헐레벌떡 급하게 도착하면, 저는 함께 조용히 앉아서 몇 분 동안 심호흡을 한 후 대화를 시작하자고 제안합니다. 마찬가지로 흐느껴 울 때도 저는 그저 가만히 기다립니다. 심리치료는 라디오가 아닙니다. 항상 어떤 소리로 공간을 채워야 할 의무는 없습니다. 때때로 조용한 순간에 매우 놀라운 일들이 벌어지기도 합니다. 어떤 여성은 한숨을 쉬고 나서 자신이 더 이상 남편을 사랑하지 않는다고 솔직하게 인정합니다. 어떤 남성은 "누구에게도 이에 대해 말한 적이 없습니다…"라고 나지막이 말한 후 크게 소리 내어 울기 시작합니다.

영감은 매우 예의가 바릅니다. 조심스럽게 노크를 한 후 우리가 대답을 하지 않으면 슬그머니 떠나버리죠. 미국 바깥은 매우 소란스럽습니다. 10억 분의 1초를 다투고, 노골적인 슬로건이 판을 치는 이 시대에 심리치료사들은 실시간으로 일을 해야 합니다. 제 친구인 비키 로빈은 이렇게 말합니다. "우리는 사람들이 지혜의 속도에 맞추어 삶의 속도를 늦추도록 도와야 해." 목소리 톤, 사용하는 단어, 얼굴 표정, 몸짓 등을 통해 우리는 이런 메시지를 내담자에게 전달합니다. "당신과 나는 이 문제 안에 함께 있습니다. 어떤 일이 벌어지든 우리는 그것을 해결할 수 있을 것입니다."

)

지속성은 우리 직업에서 과소평가된 자질입니다. 심리치료의 일부는 평범한 일을 꾸준히 하는 것입니다. 대식증 환자의 식단 일지 확인하기, 우울증에 걸린 대학생에게 운동하라고 권하기, 아이 엄마가 아이에게 "잠깐만"을 남용하지는 않는지 확인하기. 이런 일들은 마법처럼 느껴지거나 인상적인 영상을 남기지는 않습니다. 하지만 매일 이를 닦고 신선한 야채를 먹어야 하는 것과 마찬가지로, 이런 일들은 매우 중요합니다.

너무 놀라운 변화가 일어나서 믿기 힘들어 보인다면 실제로 그럴 가능성이 높습니다. 공짜 점심이 없는 것과 마찬가지로 공짜 변화는 없습니다. 저는 점진적인 변화를 좋아합니다. 이 부분에서 저는 스즈키 신이치 박사를 모범으로 삼고 있습니다. 스즈키 박사는 아이들에게 클래식 음악을 연수하도록 가르치는 심리치료법을 개발했습니다. 그는 걸음을 가볍게 조금씩 걷는다면 누구라도 앞으로 나아갈 수 있고 결국 최종 목적지에 도달할 수 있을 것이라고 생각했습니다. 걸음을 걸을 때 한 번에 성큼 걸으려 하는 사람은 거의 없습니다. 그리고 만약 그런다고 해도 넘어질 때가 많습니다. 여기서 핵심은 앞으로 나아가게 만드는 보폭의 크기를 발견하고, 동시에 매 걸음에서 성공을 경험하는 것입니다.

계속해서 코너를 돌다 보면 문득 자신이 똑같은 블록을 돌고 있는 걸 알게 됩니다. 이럴 때 저는 내담자들을 격려합니다. "서두르지도 말고 멈추지도 마세요." 그리고 내담자들이 계속 실천하면 좋을 행동들을 칭찬합니다. 저는 힘들어하는 십대에게 이렇게 말합니다. "엄청 피곤한데도 학교에 빠지지 않고 갔다니 정말 잘했어. 진짜 성숙함이 뭔지 보여주었구나."

저는 이렇게 묻기도 합니다. "이전에 어떤 방법이 효과가 있었나요?" 만성정신질환에 시달리는 한 내담자는 제게 새로운 정신과의사에게 진찰을 받은 이야기를 들려주었습니다. 그 의사의 책상에는 그녀의 치료 기록 파일이 산더미처럼 쌓여 있었습니다. 하지만 그는 차트들을 펼쳐보지 않았습니다. 대신 내담자에게 물었습니다. "효과를 본 약이 있었나요?" 내담자는 대답했습니다. "사실은 있었습니다." 그리고 효과가 있었던 약의 조합을 의사에게 정확히 말해주었습니다. 의사는 내담자에게 그 조합의 처방전을 써주었고 그녀는 그 후 즉시 좋아지기 시작했습니다.

저는 내담자들에게 던지는 질문에 긍정적인 생각들과 암

시들을 끼워 넣습니다. 가령 다음과 같습니다. "당신의 강점을 어떻게 이용해 이 문제를 해결할 수 있을까요? 당신이 발전을 한다면 어떻게 알아차릴 수 있을까요? 당신은 하루에 몇 번 소리 내 웃나요? 친한 친구가 당신의 상황에 어떤 도움을 줄 수 있을까요? 자녀들이 당신의 삶을 휘두르도록 내버려두지 않는다면 어떤 면들이 바뀔까요?"

저는 종종 내담자들에게 가족이나 소중한 사람들의 사진을 가져와달라고 요청합니다. 사진 속의 그들은 대개 제가 상상했거나 내담자가 묘사했던 모습과 매우 다릅니다. 악마 같다던 아버지는 늙고 병든 노인처럼 보입니다. 가족 위에 군림한다던 어머니는 자기비하를 잘하고 다른 사람을 기쁘게 하려 혼신을 다하는 사람처럼 보입니다. 잘생겼다던 남자친구는 지저분하고, 못생기고, 완전히 비호감입니다. 때때로 사진은 내담자들의 정신이 번쩍 들게 하고, 이를 통해 그들은 신선한 관점과 새로운 이야기를 가지게 됩니다. 내담자들과 저 모두 이런 사진들을 보고 나면 대개 가족에 대해 더 잘 설명할 수 있게 됩니다. 한편, 내담자들은 웃고 있는 자신의 사진을 보여주면서 이렇게 말할 때도 많습니다. "사실 저는 이때 엄청 비참했어요." 그런 다음 이 장면의 이면에 있는 이야기들을 들려줍니다. 저는 그 사진을 찍는 동안 내담자가 수없이 많은 자세를 잡았다고 생각합니다. 표면적으로도 상징적으로도 말입니다.

때로 내담자들에게 이의를 제기해야 하기도 합니다. 이렇게 말해야 할 때도 있었습니다. "대마초를 피우면서 스쿨버

스를 운전해서는 안 돼요." 혹은 "당신의 아내는 가정에서 모든 일을 다 떠맡고 있어요. 당신은 그게 공평하다고 생각하나요?" 이의를 제기할 때는 목소리 톤이 가장 중요합니다. 부드럽게 염려하는 톤으로 이야기함으로써 내담자에게 단호하게 맞서면서도 동시에 내담자와 계속 따뜻한 관계를 유지할 수 있습니다.

상황을 재구성하면 변화가 촉진됩니다. 만약 어떤 어머니와 딸이 항상 싸움을 벌인다면 이렇게 얘기해줄 수도 있습니다. "두 사람이 서로 연결되어 있기 위해서 항상 노력하는 것처럼 보이는군요." 고집이 센 아이에 대해서는 이렇게 말할 수도 있습니다. "이런 인내력은 적절하게 사용하기만 한다면 나중에 큰 도움이 될 것입니다." 아내가 항상 조간신문을 더럽힌다고 불평하는 남자에게 이렇게 말할 수도 있습니다. "그녀는 매일 당신이 혼자가 아니라는 사실을 사랑스러운 방법으로 일깨워주고 있네요."

저는 저 자신의 감정에 관심을 기울이는 법 또한 배웠습니다. 만약 제가 어떤 내담자와 상담을 하면서 하품을 억누르고 있다는 게 느껴지면 저는 저 자신에게 이렇게 묻습니다. '내담자가 아무 생각 없이 말하고 있나? 아니면 이미 예전에 여러 번 했던 이야기들을 반복하고 있나?' 한번은 자신의 사치스러운 생활에 대해 숨도 쉬지 않고 이야기하는 내담자의 말을 중단시킨 적이 있습니다. 저는 이렇게 말했습니다. "수다가 마치 주의를 돌리려는 것처럼 느껴지는데요. 무슨 일 있죠?" 내담자는 잠시 동안 아무 말도 하지 않더니 마치 총이라도 맞은 듯한 표정으로 저를 쳐다봤습니다. 그런 다음 그녀는 처음으로 차분하게 이렇게 말했습니다. "결혼생활을 끝내고 싶어요."

로라, 당신 자신의 감정에 주의 깊게 관심을 기울이고 그 감정들을 상담 시간에 이용하세요. 당신이 내담자에게 보이는 반응은 다른 사람들이 그에게 보이는 반응과 같을 가능성이 매우 높습니다. 만약 내담자가 반복적으로 약속한 상담 시간에 나타나지 않거나, 지각을 하거나, 지시한 대로 생활을 점검하지 않고 과제를 해오지 않는다면, 이는 그가 인간관계에서 왜 문제를 겪는지 알려주는 단서입니다.

)

우리는 내담자들이 과거, 현재, 미래로 이루어진 세 개의 시간 렌즈를 통해 삶을 바라보도록 도울 수 있습니다. 과거는 우리 삶의 모든 순간에 대해 알려줍니다. 우리는 섭식장애가 있는 젊은 여성에게 "누구도 늘 혼자서 밥을 먹진 않아요"라고 말할 수 있습니다. "아버지가 스트레스에 내처했던 방식을 생각해보세요. 당신과 딸과의 관계가 떠오르지는 않습니까?"라고 물을 수도 있죠. 혹은 "오늘 당신의 선택이 당신의 미래에 어떤 영향을 미칠까요?"라고 물을 수도 있습니다.

인간은 세 가지 활동을 합니다. 즉, 생각하고, 느끼고, 행동합니다. 많은 경우, 사람들은 구획화compartmentalization♦라는 방어기제를 작동시키고, 이런 세 가지 활동 사이의 점들을 연결시키지 못합니다. 이런 구획화는 위험할 수 있습니다. 사람들은 화를 내고 낙담하면서도 이 감정들을 폭음이나 과도한 TV 시청 같은 행동과 연결시키지 못합니다.

우리가 할 수 있는 최선은 내담자들이 이 세 가지 활동을 연결하도록 돕는 것입니다. "당신의 우울증이 당신이 운영하는 공장에서 직원들의 수당을 깎은 일과 관련돼 있지는 않을까요?", "아들을 끔찍이 생각하면서도 실제로는 아들과 거의 시간을 보내고 있지 않다는 사실을 알고 있나요?", "당신의 아내가 볼일을 보러 다른 지역에 갈 때마다 당신이 포커를 한다는 사실을 알고 있나요?", "당신이 딸에 대해 이야기할 때마다 저절로 손을 가슴에 얹는다는 걸 알고 있나요?"

성공적인 부동산 투자의 비결이 '입지'라면 우리 일의 비결은 '연결'이라고 할 수 있습니다. 우리는 내담자들의 정서, 행동, 생각을 서로 연결시켜야 합니다. 우리는 내담자들이 심리치료사, 그들의 가족, 그리고 다른 사람들과 연결되기를 바랍니다. 매우 예민한 내담자였던 미리엄이 떠오릅니다. 그녀의 마음속은 많은 감정들로 꽉 차 있었고 그녀는 불안감 때문에 문밖 출입을 못했습니다. 그녀는 감정을 걸러내고 싶었지

♦ 내면에 공존하기 어려운 모순되는 특징들 사이에 구획을 지어서 그것들을 함께 유지시키는 방어기제.

만 그러기 위해서는 다른 뭔가가 필요했습니다. 저는 그녀에게 작지만 용감한 행동들을 해보라고 격려했습니다. 마침내 그녀는 집에서 몇 블록 떨어진 식료품 가게까지 걸어가는 데 성공했습니다. 또한 용기를 내 친구들에게 전화를 걸었습니다. 그녀는 차분하게 생각을 할 필요가 있었습니다. 평생 그래온 것처럼 감정을 과장되게 드러내지 말고 말입니다. 저는 그녀에게 자신의 감정들과 그 감정들을 촉발하는 비이성적인 생각들을 종이에 적어보라고 권유했습니다. 이후 그녀는 좀 더 이성적인 생각들을 적을 수 있었고 덕분에 기분이 더 나아질 수 있었습니다. 마지막으로 저는 그녀에게 요가 수업에 등록할 것을 추천했습니다.

정동affect, 행동behavior, 인식cognition으로 이루어진 ABC 삼각형을 의식하면 상담을 매끄럽게 이끌 수 있습니다. 내담자가 이중 하나의 차원에 대해서만 너무 많은 이야기를 한다면 다른 두 차원에 대해서 물어보세요.

또 하나의 방법은 내담자가 현제를 과거나 미래와 연결시키도록 돕는 것입니다. 비극적인 상황에 처했을 때는 좋았던 시절에 대해 이야기하는 것이 마음을 치료해줄 수도 있습니다. 저의 어머니는 돌아가시기 전 몇 달 동안 병원에 입원해 계셨을 때 통증에 시달리며 구토를 하고, 제대로 잠을 이루지 못할 때가 많았습니다. 이별의 시간이 가까워지면서 저는 매일같이 어머니 옆에서 밤을 보냈는데, 그때 우리는 놀이를 하나 생각해냈습니다. 어머니가 병원에 입원해 있지 않은 척 연기를 했죠. 어느 날은 둘이서 캠핑 여행을 떠났습니다. 예전에 로키산맥으로 수없이 떠났던 것처럼 말이죠. 저는 어머니에게 소나무 숲의 냄새를 맡고 로키산맥의 상쾌한 공기를 들이마시라고 했습니다. 어머니에게 연결된 산소발생기의 부글거리는 소리는 폭포수 소리였고, 병원 침상은 야영 침낭이었고, 병실의 천장은 쏟아질 것 같은 별들로 반짝였습니다. 어머니는 미소를 지으며 별을 세다가 잠이 들었습니다.

이제 내가 속한 세대의 파도는 해안에 부딪쳐 사라질 것입니다. 로라, 당신은 곧 내가 지금 하고 있는 일들을 하게 되겠죠. 나의 조언이 당신이 내담자들의 삶을 풍요롭게 만드는 데 도움이 된다면 더 바랄 게 없겠습니다.

봄

※

Letters to a young therapist

고통을 똑바로 바라봅니다

※

3월 23일

짐과 저는 캐나다두루미들의 이주를 보기 위해 매년 떠나는 여행에서 이제 막 돌아온 참입니다. 가랑비가 보슬보슬 내리는, 몹시 추운 여행이었습니다. 이따금씩 보이는 눈부신 개나리꽃 무리를 제외하고는, 네브래스카주는 온통 어스톤—연한 진주색, 고동색, 황갈색 그리고 회색—을 입고 있었습니다. 사람들은 이런 날씨에 대해 불만을 터뜨리곤 하지만 저는 스코틀랜드 속담에서 말하는 것처럼 "세상에 나쁜 날씨는 없다. 맞지 않은 복장이 있을 뿐이다"라고 생각합니다. 저는 자연이 때마다 다채롭게 옷을 갈아입는 모습을 보는 게 즐겁습니다.

어제는 약 50만 마리의 캐나다두루미들이 플랫강에서 쉬고 있었습니다. 하나의 종種으로서 캐나다두루미들은 로키산맥만큼이나 오래 존재해왔습니다. 이들은 네브래스카주가 내해內海였을 때 여기로 날아왔습니다. 캐나다두루미들은 낮에는 드넓은 옥수수 밭에서 춤을 추고 해질녘이 되면 플랫강 위를 선회하다 내려앉아 조용한 강에 자신들만의 검은 섬을 만듭니다. 이들은 높고 짧게 지저귀며 웁니다. 동식물학자인 폴 그루차우는 이 소리를 "인간이 태어나기 이전에 들었을 법한 소리"라고 묘사했죠. 저는 이들의 아주 오래된 의식을 관찰하면서 평온함을 느낍니다. 이들은 저의 작은 삶을 높은 곳에서 내려다볼 수 있게 해줍니다. 하지만 저 자신이 하찮다는 느낌이 들기보다는, 제가 무한한 무언가의 작은 일부라는 느낌이 듭니다.

요즘 당신은 정신적으로 큰 충격을 받은 내담자들 몇몇과 상담을 하느라 지쳐 있습니다. 이럴 때일수록 캐나다두루미들을 보러 가서 기분전환을 하는 게 어떨까요.

몇 년 전, 저는 로레나라는 내담자와 상담을 했습니다. 그녀는 포크음악에 맞춰 노래하고 춤추는 것을 좋아하는 사회복지사였습니다. 싱글맘인 그녀는 세 아이들과 함께 빈민 지역에 살았습니다. 제가 그녀를 만난 건 그녀가 "결핍과 고난의 해"라고 부른 때였습니다. 그해에 그녀의 막내딸은 학교에서 갑자기 발작을 일으켰고 간질 진단을 받았습니다. 그뿐만이 아니었습니다. 그녀는 가장 친한 친구를 유방암으로 잃었고 그녀의 아버지는 버스를 따라잡다가 갑자기 심장마비로 세상을 떠났습니다. 저와 처음 만난 날 그녀는 아무 말도 하지 못한 채 하염없이 울기만 했습니다. 상담이 끝날 무렵이 되자 그녀가 눈물을 닦으면서 제게 고마워하며 말했습니다. "오고 싶었어요. 와야만 했어요."

한동안, 슬픔이 로레나를 송두리째 휘감고 있었습니다. 그녀가 표현한 대로 그녀는 "잿빛 안개 속을 혼자 터덜터덜 걸어가고" 있었습니다. 그렇지만 그녀는 강인한 여성이었고 점차 자신의 감정으로부터 달아나는 대신 그 감정을 받아들이게 됐습니다.

많은 사람들이 힘겨운 시기를 보냅니다. 쿠르드족 난민 소녀 자브하와 나눴던 대화가 기억납니다. 자브하는 정육공장의 춥고 미끄러운 냉동식품 저장소에서 매일 오랜 시간 일해야 했기 때문에 늘 등과 어깨가 아팠습니다. 저는 자브하에게 쉽지 않은 날들이겠다고 말했습니다. 자브하는 이렇게 대답했습니다. "살면서 쉬운 날은 단 하루도 없었어요."

저는 『또 다른 나라Another Country』라는 책에서 앨마에 대해 이야기했습니다. 여든두 살의 앨마는 남편과 사별했고, 귀가 먹어가고 있고, 당뇨병으로 인해 거의 시력을 잃은 상태였습니다. 그녀는 중증발달장애를 앓는 예순 살의 딸과 함께 작은 집에서 살고 있었습니다. 하지만 앨마는 쾌활하고 씩씩하게 자신이 해야만 하는 일들을 해나갔습니다. 우체부, 이웃들, 방문 간호사들과 친구가 되었습니다. 앨마는 가족들에게 자주 짓궂은 장난을 쳤고 제가 잠깐 들렀을 때 심지어 제게도 장난을 쳤습니다(방귀 소리가 나는 고무 쿠션을 누가 제 의자에 놓은 건 그때가 처음이었습니다). 그럼에도 불구하고, 앨마는 만약 자신이 딸보다 먼저 죽으면 딸에게 어떤 일이 벌어질지에 대해 몹시 두려워했습니다.

세상에 관심을 기울이다 보면 수많은 고통을 보게 됩니다. 겉으로만 보면 서로 그보다 더 다를 수 없는 두 내담자가 생각나는군요. 그녀들의 눈물 젖은 얼굴이 떠오릅니다. 프란체스카는 잔혹한 데이트 강간을 당한 후에 저를 찾아왔습니다. 수앤이 온 이유는 남편이 얼마 전 자살을 했기 때문이었습니다.

검은 머리의 아름다운 프란체스카는 지역의 한 대학교에서 입학 프로그램을 관리하는 일을 하고 있었습니다. 자신의 의견을 분명히 표현하는 성격의 세련된 그녀는 저의 도움 없이도 자신의 고통을 처리할 수 있었습니다. 빨간 머리의 외향적인 성격의 수앤은 전화상담원이었습니다. 수앤은 천성적으로 똑똑한 체하기 좋아하는 성격이라 자신의 사적인 감정에 대해 이야기하는 것에 익숙하지 않았습니다. 몇 달 동안, 저는 매주 화요일 3시에 수앤을 상담하고 난 후 뒤이어 4시에 프란체스카를 상담했습니다.

둘의 겉모습은 매우 달랐지만 상담 시간에 그들이 하는 행동은 거의 똑같았습니다. 그들은 울고 분노했습니다. 그리고 아이들에 대해 걱정했습니다. 프란체스카가 묘사한 강간

당시 상황은 제 평생 결코 잊지 못할 것입니다. 그녀는 시멘트 벽에 던져져 이가 부러졌고 온몸을 감싼 한기에 시달리며 어쩌면 죽을지도 모르겠다고 생각했습니다. 수앤의 말도 결코 잊을 수 없을 것입니다. 다섯 살짜리 쌍둥이 아이들에게 아빠가 죽었다고 말하자 한 아이가 이렇게 물었습니다. "하지만 내일은 집에 오시는 거죠, 그렇죠?"

수앤과 프란체스카는 엄청나게 무거운 짐을 짊어지고 제 상담실을 찾았습니다. 하지만 앨마처럼 이들 또한 자신의 운명 앞에서 최선을 다했습니다. 결국, 이들은 그 끔찍한 사건들이 자기 자신을 영원히 바꿔놓았다는 사실을 깨달았습니다. 슬픈 면으로뿐만 아니라 좋은 면으로도 말입니다. 프란체스카는 자신이 생각보다 더 강하다는 사실을 알게 됐습니다. 그녀는 이렇게 말했습니다. "생사의 위기에서 살아남았다면 어떤 상황에서도 살아남을 수 있어요."

수앤은 자신이 남편의 죽음에 대해 책임이 없다는 사실을 깨달았습니다. 아내로서 어떤 실패를 했든지 간에, 결국 자살이라는 선택에 대한 책임은 바로 그녀의 남편에게 있었습니다. 또한 수앤은 자신의 감정을 다른 사람과 공유하면 견디기 쉬워진다는 사실을 깨달았습니다. 그녀는 오래전에 상담을 그만뒀습니다. 저는 그녀가 이 교훈을 반드시 잊지 말기를 바랍니다.

세상의 광기 —폭력, 중독, 미쳐 날뜀 —의 대부분은 고통
에서 도망치기 때문에 생겨납니다. 세상의 많은 거물 폭력배
들과 최악의 연쇄살인범들은 자신의 고통스러운 감정과 맞서
는 것을 피하기 위해 그렇게 행동합니다. 하지만 고통을 느끼
는 것보다 고통을 느끼지 않는 것이 더 좋지 않습니다. 건강한
사람들은 자신의 고통을 똑바로 바라봅니다. 이들은 슬프면
울고 화가 나면 자신이 화가 났다는 사실을 인정합니다. 온화
한 감정들만 가지고 있는 체하지 않습니다. 이들은 자신의 감
정들을 함부로 판단하지 않습니다. 그러기보다는 감정들을 관
찰하고 묘사합니다.

물론 이는 그렇게 간단한 문제가 아닙니다. 저는 위로를
할 수 없는 내담자들도 많이 만나봤습니다. 예전에 몇 개월 동
안, 아주 어릴 적에 고아가 된 여성과 상담을 한 적이 있습니
다. 그녀는 간절하게 보살핌을 갈구했습니다. 하지만 너무 쉽
게 발끈하는 성격이어서 그녀의 마음을 상하게 하지 않은 채
단 한 시간도 버틸 재간이 없었습니다. 결국 그녀는 고통이 전
혀 해소되지 못한 채 상담실을 떠났습니다. 자신을 실망시킨
또 한 명이 된 제게 불같이 화를 내면서 말이죠.

저는 건강한 사람이란 모든 경험을 통해 성장하고 배울
수 있는 사람이라고 생각합니다. 노년에 아내, 아들, 딸을 모두
잃고 나서 로버트 프로스트는 자신이 인생에 대해 알게 된 모

든 것은 단 세 단어로 요약될 수 있다고 말했습니다. "어쨌든 삶은 계속된다."

저의 영웅인 그레이스 이모는 팔십대였고 지병을 앓는 남편과 함께 살고 있었습니다. 그러던 어느 날 그레이스 이모의 아들이 이모네 집의 잔디를 깎아주다 불의의 사고로 목숨을 잃고 말았습니다. 제가 전화를 걸었을 때 그레이스 이모는 이미 스스로 마음을 다잡은 후였습니다. 이모는 제게 말했습니다. "어쨌든 우리는 남아 있는 사람들을 사랑하고 돌봐야만 해."

로라, 인간이 성장하고 배우기 위해 꼭 고통이 필요하다고 말하려는 게 아닙니다. 로레나, 프란체스카, 수앤을 생각하면 제 가슴도 찢어집니다. 그렇지만 흐르는 시간의 도움으로 그들 모두는 자신이 무엇을 치유해야 하는지 알아낼 수 있었습니다.

당신이 이 편지에 자극을 받아 짧게라도 캐나다두루미들을 보러 여행을 떠나면 좋겠군요. 짐과 저는 다리 위에 서서 캐나다두루미들이 내려앉기를 기다리면서 온몸을 떨고 발을 구르며 추위와 싸웠습니다. 오렌지색 저녁노을이 지고 난 후 하늘에 뜬 반달이 플랫강을 비추었습니다. 달빛이 새들이 만든 검은 섬에 환한 빛을 던졌습니다. 미루나무 숲 사이로 차가운 바람이 불어왔습니다. 우리는 두루미들이 서로 붙어 앉아 부드럽게 재잘대는 소리를 듣고 있었습니다. 강추위 때문에 얼굴이 얼어붙어 아파왔습니다. 하지만 그 후, 집으로 돌아가는 따듯한 차 안에서 치즈샌드위치와 사과를 나눠먹으면서 우리는 행복감과 온전함을 느꼈습니다. 그리고 대자연과 다시 연결된 듯한 느낌을 받았습니다.

행복은 좋은 선택들을
내릴 때 찾아옵니다

✳

4월 14일

저는 4월에 오자크 산맥에 가는 것을 가장 좋아합니다. 그때면 곰보버섯의 싹이 돋아나고 농어가 낚싯대의 미끼를 덥석 뭅니다. 언덕을 뒤덮은 분홍색과 흰색의 층층나무들은 마치 거대한 젤리처럼 보입니다. 매년 이맘때쯤이면 늘 그랬던 것처럼, 저는 올드필드 오프리에서 토요일 밤을 보냅니다. 올드필드 오프리에서는 매주 토요일마다 공짜 라이브 쇼를 하는데, 전통 컨트리음악 공연과 촌스러운 코미디 쇼, 다섯 살 아이부터 아흔다섯 살 노인까지 함께하는 나막신 춤 공연 등이 무대에 오릅니다. 그리고 연주자들의 가족과 친구들이 관객들에게 칠리핫도그, 감자튀김, 미국에서 가장 맛있는 건포도 파이를 날라다줍니다.

제 사촌인 스티브는 '오프리 밴드'의 창립 멤버입니다. 생긴 지 수십 년이 됐죠. 스티브의 절친한 친구 조니 워커는 노래를 부르고 관객들에게 농담을 던집니다. 농담 중 대부분은 제 사촌인 스티브에 관한 것이죠. 조니 워커는 스티브를 '방그레 스티브Smiling Steve'라고 부릅니다. 조니와 스티브는 30년 전 고등학교 시절부터 로큰롤 밴드에서 함께 활동했습니다. 현재 조니는 변성질환을 앓고 있어 산소마스크에 의지해야 하고 시력을 거의 잃은 데다 목 아래로 전신이 마비되어 있습니다. 그는 거의 대부분의 시간을 병원에서 호흡기 감염과 사투를 벌이며 보냅니다. 하지만 가능할 때마다 조니는 오프리 무대에 섭니다. 조니의 아버지는 조니를 컨트리풍의 복장과 카우보이 부츠로 갈아입히고 연주자들이 조니를 의자로 옮기는 것을 돕습니다. 조니는 관객에게 환영 인사를 하고 행사를 진행합니다.

몸을 움직일 수 없고 말하는 능력도 점점 잃어가고 있지만 조니는 계속 음악을 삶의 중심에 두고 살고 있습니다. 또한 오자크 산맥에서 일종의 상담사 역할을 담당하고 있기도 합니다. 많은 사람들이 그의 집에 찾아와 그와 대화를 나눕니다. 그러고 나서 그들은 희망을 안고 그의 집을 나섭니다. 조니가 자신의 삶을 쾌활하게 꾸려나갈 수 있다면 자신들도 힘을 내서 자신의 삶을 잘 꾸려나갈 수 있을 거라고 생각하면서 말이죠.

조니는 다음과 같은 연구 결과를 온몸으로 보여줍니다.

'행복은 행운과 거의 아무 관계가 없다.' 부유한 사람들이 가난한 사람들보다 더 행복하지는 않습니다. 사람들은 각자 일정한 행복 수준을 유지하는 경향이 있습니다. 상황에 관계없이, 행복한 수준이나 슬픈 수준이 거의 일정하게 유지됩니다. 복권에 당첨되거나 암 진단을 받으면 행복 수준이 변하기는 하지만 매우 짧은 시간 동안만 그러합니다. 제 삼촌 오티스는 이렇게 말했습니다. "대부분의 사람들은 자신이 마음먹은 만큼 행복하단다."

다른 사람들과 더 많은 시간을 보낼수록 더 큰 행복감을 느낀다는 연구 논문이 있습니다. 친구들은 행복한 삶에서 매우 중요한 역할을 합니다. 놀라운 사실은, 남성과 여성의 행복 수준이 거의 비슷하다는 점입니다. 언뜻 보기에 이 사실은 여성이 남성보다 우울증을 더 많이 겪는다는 연구 결과와 모순되는 것처럼 보입니다. 하지만 여성들은 남성들보다 더 많은 기쁨을 느낀다는 연구 결과도 있습니다. 그러므로 여성들은 모든 감정을 남성들보다 더 강렬하게 느낀다고 보는 게 맞을 것입니다.

집단을 비교해보자면, 결혼을 한 사람들은 싱글인 사람들보다 더 행복하다고 합니다. 또한 종교를 믿는 사람들은 종교를 믿지 않는 사람들보다 더 행복하다고 합니다. 그리고 목표를 향해 열심히 노력하는 사람들은 여기저기 방황하는 사람들보다 더 큰 행복감을 느낀다고 합니다. 사실, 많은 사람들은 목표를 향해 노력하는 과정을 목표를 성취하는 것 자체보다 더 즐기는 경향이 있습니다. 프로이트는 인간은 "성공에 의해 망가진다고" 말하기도 했습니다. 저는 목표를 전부 이룬 사람들이 이상한 슬픔과 공허함에 시달리는 것을 많이 봤습니다. 의미 있는 새로운 목표를 재정립하지 못한다면 이들은 인생의 길을 영영 잃을지도 모릅니다.

저는 우울증에 걸린 내담자들에게 무료급식소에서 자원봉사를 해보라고 자주 권합니다. 그런 경험을 통해 이들은 기운을 차리고 자신이 운이 좋은 편이라고 느낍니다. 한번은 친구들과 잘 어울리지 않는, 반항적인 십대 여자아이에게 요양원에서 자원봉사를 하도록 한 적이 있습니다. 가넷은 간호사들이 추천한 친화력이 좋은 환자들도 꺼려할 정도로 고집스러웠습니다. 그런 가넷이 보틀러 씨를 선택했습니다. 보틀러 씨는 옹졸하고 성미가 고약한 팔십대 노인이었습니다. 몇 주 동안 가넷은 자기 특유의 유대감 강화 수단을 이용해 보틀러 씨를 괴롭혔습니다. MTV 채널을 커다랗게 틀어놓고 시청하기, 손톱에 까만색 매니큐어를 칠해주겠다고 조르기, 『롤링스톤즈』 잡지 선물하기, 자신이 가장 좋아하는 음식인 땅콩버터를 바르고 오이피클을 넣은 롤빵 대접하기 등이었죠. 처음에 보틀러 씨는 간호사들에게 제발 가넷을 눈앞에서 치워달라고 사정했습니다. 간호사들은 그렇게 하려고 했지만 가넷은 포기하지 않고 계속 슬금슬금 찾아왔습니다. 엄청난 전쟁을 벌인 후 마침내 보틀러 씨는 조심스레 가넷에게 말을 걸었습니다. 가넷은 대답을 했고 두 사람은 자기도 모르는 새 서로 친구가 되었습니다. 저는 처음에 가넷에게 자원봉사를 권유했을 뿐 이 승리는 두 사람이 함께 만든 것이었습니다.

)

우리가 내담자들을 위해 할 수 있는 최선 중 하나는 그들에게 일상을 건강하고 규칙적으로 꾸리라고 격려하는 것입니다. 이런 일상에는 명상, 마사지, 운동 같은 활동들이 포함될 수 있습니다. 반려견 산책시키기, 출근길에 커피 한 잔 사기, 분수대 옆에서 점심 먹기, 좋은 책 읽기, 친구들과 일주일에 한 번 조깅하기, 한 달에 한 번 조부모 방문하기, 옛 동료들과 연말 모임 가지기, 백패킹 같은 활동들도 좋습니다. 이런 리추얼들은 사람들에게 기대할 만한 무언가를 제공해줍니다. 테드 쿠서의 『로컬 원더Local Wonders』는 오래된 보헤미안 속담을 들려주는 것으로 시작합니다. "신은 가난한 사람을 기쁘게 하고 싶을 때, 먼저 그에게 당나귀를 잃게 한 다음 다시 찾게 한다." 만족스러운 삶은 단순히 비극이 일어나지 않는 삶에 그치지 않습니다. 그 이상의 것입니다. 만족스러운 삶은 자신이 가진 것에 대해 감사하는 삶입니다. 시인 윌리엄 클로프콘은 이렇게 말했습니다. "당신이 자신의 잠재력을 충분히 발휘한다면 행복이 저절로 당신을 찾아올 것입니다."

세상에는 많은 종류의 사랑이 있습니다. 한 명 이상의 사람을 사랑하고, 좋은 친구들을 사귀고, 이웃과 가족, 친구들과 긴밀한 관계를 맺는 일은 매우 중요합니다. 저는 이렇게 경고하곤 합니다. "단 한 가지의 취미나 밥벌이 수단만 가지지 마십시오. 좋은 주식투자 포트폴리오가 그런 것처럼 다각화를 하십시오." 행복은 좋은 선택들을 내릴 때 찾아옵니다. 또한 성실함, 에너지, 인내, 용기 모두 행복에 기여하는 요소들입니다. 다시 말해, 행복은 성격, 일, 건강, 인간관계 모두와 관련되어 있습니다.

로라, 대부분의 사람들은 여기까지 읽고 "이미 다 알고 있어요"라고 말할지도 모릅니다. 하지만 사실, 우리의 문화는 행복에 관해서 항상 우리를 잘못 인도했습니다. 그리고 심리학자들도 때때로 이런 잘못된 교육에 일조를 했습니다. 특히 1960년대와 70년대에 심리치료사들은 행복에 대한 피상적 정의를 널리 퍼뜨렸습니다. "자신이 가장 좋아하는 일을 하면 행복해질 것입니다"라고 말입니다.

이제 우리는 그런 문화에 반기를 들고 내담자들에게 '더없는 행복'보다는 자기만족과 인생의 목표를 찾으라고 권유할 수 있습니다. 더없는 행복을 얻을 수만 있다면 그보다 더 좋을 수는 없겠지만, 자신의 삶에 만족하는 일이 더 이루기 쉽습니다. 우리는 즐거움을 누리는 오래된 방법들을 제안할 수 있습니다. 난롯불에 둘러앉아 이야기 나누기, 식사 같이 하기, 좋은 책 읽기, 아름다운 음악 감상하기 등과 같은 즐거움 말입니다. 아프리카의 북소리이든 바흐의 콘체르토이든 상관없습니다.

행복에 대해 생각할 때마다 저는 조니 워커가 옷을 빼입고 오프리 무대에 있는 모습이 떠오릅니다. 산소마스크는 잠시 뗀 상태지만 빛나는 산소통은 손에 바로 닿는 곳에 잘 놓아두었죠. 그는 스티브를 농담거리로 삼아 관객과 연주자들이 배꼽을 잡게 만듭니다. 그러고선 화재로 집을 잃은 사람들이나 아이가 아픈데 건강보험이 없는 사람들을 위해 기부를 해달라고 우아하게 부탁합니다. 아직도 그의 모습이 생생히 그려집니다. 그는 두 눈을 감은 채로 고개를 까닥거리며 조니 캐시의 노래 〈오렌지 블로섬 스페셜〉을 들으며 미소를 짓습니다. 그리고 나서는 입맛을 다시며 그의 어머니가 직접 만든 건포도 파이를 먹여주기를 기다리죠.

비유를 담은 도구상자

※

4월 16일

어젯밤, 난데없는 눈보라가 링컨에 휘몰아쳤습니다. 그제만 해도 기온이 10도 너머로 치솟고 태양이 개똥지빠귀의 새파란 알에 뜨겁게 내리쬈는데 말이죠. 그날 저는 풀을 베고 갈퀴로 그러모으면서 기러기 떼가 구불구불한 브이 자를 그리며 북쪽으로 날아가는 소리를 들었습니다. 하지만 오늘 아침에는 까마귀가 까악까악 우는 소리밖에 들리지 않았습니다. 아무래도 눈 치우는 삽을 다시 꺼내야 할 것 같습니다.

봄은 희망, 탄생, 기쁨의 귀환을 의미하는 계절입니다. 꼭 시인이 아니더라도 모든 인간은 비유를 만들어내는 존재입니다. 제 아버지는 부자인 사람들을 두고 "침례교도 주류밀매업자처럼 돈이 많다"라고 표현하곤 했습니다. 마거릿 이모는 텔레비전을 "파슬리 고명을 얹은 거름"이라고 불렀습니다. 한 이웃은 불가사의하도록 운이 좋은 자신의 아들을 두고 "돼지

죽통에 빠져도 새 옷을 얻어 입고 나오는 녀석"이라고 묘사했습니다.

니체는 "진실은 비유들로 구성된 이동식 군대"라고 말했습니다. 좋은 심리치료사는 잘 다듬은 비유들로 자신의 도구 상자를 늘 가득 채워놓아야만 합니다. 삶은 책, 춤, 여행, 하루, 깜짝 시험, 노래, 사다리 오르기, 축제, 징역형, 정원 등에 비유될 수 있습니다. 저는 삶을 전쟁이나 스포츠에 비유하는 것이 좋지 않다고 생각합니다. 이 비유들은 우리의 세계관을 왜곡시키는 비유들이고 또한 지나치게 남용되고 있습니다. 이 비유들은 삶을 경쟁적인 무엇, 폭력적인 무엇, 이기느냐 지느냐의 문제로 규정짓습니다. 부분적으로는 맞는 말일지도 모르지만 인간 경험을 규정하기에 가장 바람직한 방식은 아닙니다.

상담을 시작한 초기부터, 저는 베인 손가락의 비유를 사용해 스스로 감정을 느끼도록 허용하는 일이 얼마나 중요한지 강조했습니다. 눈물을 보이는 것을 부끄러워하는 중년의 은행 간부에게 저는 이렇게 말했습니다. "손가락이 베이면 피가 나죠. 당신이 피를 싫어할 수는 있지만, 피가 나는 것은 건강한 신체가 상처에 대처하는 정상적인 방식이에요." 많은 성취를 거뒀지만 불행해하는 교수에게는 이렇게 말할 수도 있습니다. "전 과목에서 A학점을 받고도 낙제할 수 있는 게 바로 삶이죠." 연봉이 50만 달러가 넘지만 화가 잔뜩 난 가족들과 시큰둥한 직원들밖에 만나지 못하는 대기업 이사에게는 영화배우 릴리 톰린이 읊었던 대사를 들려줄지도 모릅니다. "쥐들의 경주에서 이긴다 해도 여전히 쥐일 뿐입니다."

뇌손상을 입은 아버지와 함께 살고 있는 공장 노동자에게 이렇게 말합니다. "당신은 사막에 피는 꽃이에요. 비만 조금 내린다면 활짝 필 수 있을 겁니다. 당신은 강하고 자립적인 사람이지만 약간의 단비가 당신에게 큰 도움이 될 거예요." 큰 실수를 범하기 직전인 사람에게는 이렇게 말합니다. "만약 당신이 절벽에서 뛰어내린다면 저는 딴 데 가지 않고 그 옆을 지키겠습니다. 당신이 추락하는 동안 잠시나마 즐거운 대화를 나눌 수도 있겠죠. 하지만 당신이 계곡 바닥에 떨어져 산산조각 나는 것을 막을 수는 없을 겁니다." 어떤 내담자들에게서는 비유가 아무런 호응을 얻지 못하기도 합니다. 한번은 다소 구체적이고 현실적으로 사고하는 경향이 있는 내담자에게 삶을 여행에 비유한 적이 있습니다. 그는 이렇게 대답하더군요. "올해에는 휴가를 떠날 여력이 없습니다."

제가 사용하는 비유들 중 일부는 감상적이거나 진부하지만, 좋은 비유들은 조약돌과 같아서 세월의 손길을 받으면서 거친 표면이 매끄러워집니다. 그리고 점점 더 둥글둥글해지고 더 진실에 가까워집니다.

)

저는 당신의 내담자가 꾸었다는 꿈에 대해 생각해보고 있습니다. 꿈속에서 그는 카누를 타고 있었고 상어가 카누에 달린 줄을 이빨로 물고 잡아끄는 바람에 카누가 수면 아래로 끌려 내려갔다고 했습니다. 당신이 이 꿈을 잘 분석한 것 같습니다. 꿈은 비유의 확장일 수 있습니다. 당신의 내담자는 현재 인생의 힘든 시기를 보내고 있습니다. 그리고 그의 작은 보트는 그가 힘껏 노를 젓는데도 불구하고 수면 아래로 가라앉기 직전이죠. 비유적으로, 그는 현재 상어 떼에게 에워싸여 있습니다. 당신은 다음과 같은 표현을 이용해 해결책을 제시할 수 있을 것입니다. "당신은 상어 떼보다 더 빨리 헤엄칠 수 있을 겁니다", "바로 앞에 섬이 보이네요."

꿈은 알찬 비유들을 제공해줄 때가 많습니다. 저는 꿈 해석 전문가가 아니기 때문에 대개 내담자들에게 스스로 꿈을 분석해보라고 권합니다. 일단 내담자들에게 꿈에 나온 모든 인물들을 대변해보라고 합니다. 그리고 꿈속에서 일어난 사건들에 대해 어떤 감정이 드는지 묻고 감정을 묘사하는 동안 현실의 어떤 사건들이 떠오르는지 묻습니다. 꿈속에서 큰 소리로 한 말들은 매우 상징적일 때가 많습니다. 그렇기 때문에 저는 내담자들에게 그 말들을 큰 소리로 말해보고 저에게 그 의미를 해석해달라고 제안합니다.

이십대 후반의 영문학과 학생인 나탈리는 직장을 구하지도 지속적인 또래 관계를 구축하지도 못했습니다. 나탈리는 제대로 걸을 수 없는 상황에 처하는 꿈을 계속 반복해서 꿨습니다. 바닥이 기름이나 접착제로 뒤덮여 있기도 하고, 다리가 고무인 양 아무 힘이 없거나 혹은 마비되었습니다. 강철 군화를 신고 있거나 바위에 발이 묶여 있기도 했습니다. 때때로 꿈속에서 그녀는 이렇게 외치기도 했습니다. "못 걷겠어!" 이 간단명료한 비유는 우리가 그녀의 상황을 논의할 수 있는 실마리를 제공해줬습니다. 이후 나탈리가 자신의 길을 찾아나가자 그러한 진전 과정이 꿈에 그대로 반영되기도 했습니다. 나탈리가 꾼 꿈들은 나탈리가 자신의 목표를 향해 나아가고 있는 거리를 재어주는 척도였던 것입니다.

또 다른 내담자인 아서는 만성적인 무력감에 시달렸습니다. 미납된 공과금 용지와 주차위반 딱지, 답장을 못 쓴 편지가 계속 쌓여만 갔습니다. 그는 직장을 잃었고, 여자친구를 잃었고, 자동차 키를 잃었습니다. 그는 결정해야 할 일들에 대해 너무 오래 고민하거나 아예 아무 고민도 하지 않으면서 느릿느릿 마지못해 꾸역꾸역 살아갔습니다. 기회는 그의 옆을 스쳐 지나가는 정도가 아니라 아예 저 멀리 앞질러 가버렸습니다. 아서는 자기 자신을 "양손이 없는 남자"라고 묘사했습니다. 저는 아서에게 "이번 주에 손을 사용할 때마다 매번 기록을 하세요"라고 숙제를 내줬습니다.

가정 내에서 성적 학대를 겪은 일곱 살짜리 여자아이 마샤는 자기 자신을 망가진 테디베어라고 불렀습니다. "안에 들어 있는 솜이 다 빠져나왔어요. 저는 지저분하고 아무도 저를 원하지 않아요."

심리치료사가 자신이 사용하는 비유가 효과가 있다는 사실을 알 수 있을 때는 내담자들이 그 비유를 윤색해 자기 자신의 경험을 묘사할 때입니다. 저는 상담이 끝날 무렵이면 대개 비유적인 대화를 나눕니다. 저는 이렇게 묻습니다. "이번 주에는 손을 사용해서 일을 했나요?", "카누가 물 위에 잘 떠 있나요?" 내담자들은 이렇게 답합니다. "자유롭게 걸어 다니는 꿈을 꿨어요", "제 테디베어에게 새 친구들이 생겼어요."

)

많은 가족들은 자기 가족을 대표하는 물건을 가지고 있습니다. 이 상징적인 물건이 어떻게 취급받는지가 가족이 스스로를 어떻게 대하고 있는지를 나타냅니다. 우리 이웃집에는 늙은 코커스패니얼이 살고 있습니다. 반쯤 눈이 멀고, 다리를 절고, 쉽게 짜증을 냅니다. 하지만 그 집 사람들은 개를 칭찬하고, 애지중지하고, 개를 두고 가족들끼리 이야기꽃을 피웁니다. 모든 가족 구성원들이 공동으로 사랑하는 존재이기 때문입니다. 바비큐와 파이 같은 음식들은 사랑에 비유될 때가 많습니다. 최근 저는 한 할머니가 초콜릿 프로스팅을 얹은 엔젤 케이크를 들고서 비행기에 타는 것을 봤습니다. 할머니는 미국을 횡단하는 장시간 비행 내내 무릎 위에 케이크를 소중히게 두고 있었습니다. 할머니는 제게 이렇게 말했습니다. "이 케이크는 사랑으로 구운 케이크라오."

한번은 모든 문제들(사랑, 통제, 거리감)을 자동차와 연관 지어서 논의하는 가족을 만난 적이 있습니다. 우리는 누가 어떤 차를 어디로 몰고 갈 수 있는지에 대해 수시간 동안 협상을 했습니다. 저는 버럭 소리치고 싶었습니다. "일요일에 누가 세차를 했는지 말고 다른 얘기는 할 수 없나요? 아들의 과속 문제 이외의 문제에 대해 토론할 순 없나요?" 저는 이 가족을 더 중요한 문제들 쪽으로 이끌려고 애썼습니다. 하지만 결국 그들이 중요한 문제들을 이미 논의하고 있다는 사실을 깨달았습니다. 누가 어떤 차를 몰고 출근했는지, 누가 기름을 채웠는지 같은 주제에 대한 논의는 권력, 책임, 분담에 관한 논의였습니다. 이 문제들이 적절하게 해결되자 가족 문제도 저절로 해결됐습니다.

솔직한 말이 논쟁을 야기하거나 평범한 말로는 핵심을 찌를 수 없다면, 이때야말로 비유를 사용해야 할 때입니다. 비유는 빈 칸을 채워야 하는 특징이 있기 때문에 더 창의적인 대답이 많이 나옵니다.

비유는 마치 전동공구처럼 아주 조심스럽고 주의 깊게 사용해야만 합니다. 비유가 내담자의 짐을 덜어주고 문제를 더 감당할 만하게 느껴지게 만드는지 확인하세요. 시부모의 거친 말을 살인 행위에 비유해서는 안 됩니다. 양말에 들어간 작은 돌멩이 정도에 비유하세요. 또한 항상 신선한 비유를 사용해야 합니다. 죽은 언어는 나쁜 냄새를 풍기니까요. 늘 경계를 늦추지 말고 똑같은 비유를 같은 내담자에게 너무 자주 사용하지 마세요. 저는 제가 사용한 비유들과 내담자들이 사용한 비유들을 늘 기록합니다. 한번은 내담자에게 "손가락이 베이면 피가 나지요"의 비유를 두 번, 혹은 세 번 사용한 적이 있습니다. 그녀는 짜증이 난다는 표정을 휙 내비치더군요.

대학원에 다닐 때는 비유에 관한 어떤 자료도 읽지 않았습니다. 그렇지만 시간이 흐르면서 비유가 없어서는 안 될 중요한 도구라는 사실을 깨달았습니다. 내담자들이 사용하는 비유를 잘 귀담아듣고 당신만의 비유를 만들어보기 바랍니다. 하루에 세 개의 비유를 만들겠다는 숙제를 자신에게 내면 어떨까요. 제가 사용하는 비유를 빌려 써도 좋고 시를 읽으며 더 아름다운 비유를 찾아보는 것도 좋습니다. '상어 떼에 둘러싸여 가라앉고 있는 카누' 비유가 당신에게 어떤 도움을 주었는지 나중에 알려주기 바랍니다.

서재 창문에 얼어붙어 있던 눈이 녹아내리는 모습이 보입니다. 부활절 달걀처럼 알록달록한 크로커스 꽃들이 새하얀 눈과 대비되어 보라색, 노란색, 연보라색으로 아름답게 빛나고 있습니다. 수선화의 첫 인사를 하루라도 빨리 보고 싶습니다. 눈밭을 뚫고 얼굴을 쑥 내미는 꽃들은 아인슈타인이 던진 가장 중요한 질문에 답을 해줍니다. "우주는 우호적인 곳인가, 그렇지 않은 곳인가?"

우리는 버팀으로써
버팁니다

✳

4월 20일

아! 어젯밤에는 북투어를 다니는 악몽을 또 꾸었습니다. 꿈속에서 저는 다른 지역으로 강연을 하러 떠나느라 공항으로 향하던 중이었습니다. 하지만 이내 비행기 티켓을 집에 두고 왔다는 사실을 깨달았습니다. 처음에는 그다지 당황하지 않았습니다. 항공사 직원에게 도착지와 개인정보를 말하고 사정을 얘기하면 그깟 실수는 금방 만회할 수 있으니까요. 그렇지만 데스크로 걸어가는데 어느 지역으로 갈 예정이었는지 전혀 생각이 나지 않는 거였습니다. 도착지와 관련된 종이쪼가리라도 없는지 서류가방을 정신없이 뒤졌습니다. 그러던 순간, 가슴이 두방망이질하는 채 잠에서 화들짝 깼습니다. 입에서 쇠 맛이 나더군요.

저는 요즘 북투어를 다니고 있는데 지금은 부활절 연휴 주말을 보내기 위해 잠시 집에 와 있습니다. 몇 주일 동안 이

도시에서 저 도시로 비행기를 타고 다니며 매일 저녁 강연을 하고 룸서비스로 끼니를 때웠는데, 이제 다시 천천히 일상으로 돌아오고 있는 중입니다. 직접 요리를 해 먹으니 기분이 한결 나아졌습니다. 저는 책 쓰는 일을 사랑하지만 책 판매를 돕기 위해 해야만 하는 일들은 그다지 좋아하지 않습니다. 세상에는 두 종류의 작가가 있습니다. 외향형 작가와 내향형 작가. 외향형 작가들은 북투어를 즐기고 골방에 틀어박혀 글을 쓸 때면 고통에 몸부림칩니다. 내향형 작가들은 책상 앞에 홀로 있는 시간을 좋아하지만 북투어는 몹시 무서워합니다. 저는 어떤 쪽에 속할 것 같은가요?

북투어는 결혼식 날을 계속 반복해서 보내는 것과 비슷합니다. 결혼식장의 신부와 마찬가지로, 작가는 자신을 찬미하는 사람들에게 둘러싸이게 되죠. 몹시 신이 나면서도 스트레스 또한 엄청납니다. 물론 작가와 신부가 다른 점도 있죠. 신부는 작가처럼 시차에 시달린 채 주린 배를 움켜잡고 촌스러운 옷을 휘날리며 강연장으로 허겁지겁 뛰어 들어가지는 않겠죠. 제가 보기에 '여행travel'과 '고역travail'이 같은 어원에서 나온 것은 단순한 우연이 아닌 것 같습니다. 저는 밥 먹듯 출장을 다니는 사업가가 아닌 터라 여행의 모든 것에 불안을 느낍니다.

얼어붙은 활주로, 수하물 분실, 한밤중에 울리는 자동차 도난방지 경보소리, 제 책을 한 줄도 안 읽은 사람들과의 인터뷰. 이 모든 것이 고역입니다. 하지만 윈스턴 처칠이 말했죠. "지옥을 통과하고 있다면 계속 움직이는 수밖에."

살면서 인간은 세 가지 종류의 문제와 맞닥뜨립니다. 연설공포증이나 다루기 힘든 아이 같은 경우는 대개 정보와 노력이 있으면 해결할 수 있는 문제입니다. 섭식장애나 위태로운 결혼생활 같은, 또 다른 문제는 보다 정교한 해결책이 필요합니다. 그리고 마지막으로, 어떤 방법으로든 해결할 수 없는 문제가 있습니다. 십대 아이가 가족들과 반목하려 드는 것이나, 고령으로 인한 신체적·정신적 건강 악화 같은 문제가 그렇습니다.

첫 번째 종류의 문제에 있어서, 심리치료사들은 내담자에게 동기를 부여해줄 수 있습니다("아이에게 타임아웃 규칙을 적용하는 방법을 가르쳐드리겠습니다. 좋은 행동에 대해 보상해주는 별 스티커 차트도 만들어보도록 하죠.") 두 번째 문제와 관련해서는, 내담자가 관점을 바꿔 생각해보게 도울 수 있습니다("폭음을 하고 싶은 유혹이 들 때마다 쇼팽을 연주하는 건 어때요. 앞으로 가보고 싶은 나라들에 대해 생각해보는 것도 좋고요.") 마지막으로, 세 번째 문제와 맞닥뜨린다면 그저 '버티기 훈련'을 하는 수밖에 없습니다. 고통과 슬픔을 참아내는 능력은 그 가치를 제대로 인정받지 못하고 있습니다. 우리는 내담자들에게 고통을 직시하고, 도움을 요청하고, 해결책을 찾으라고 조언합니다.

모두 적절한 조언들입니다. 때에 따라서는 말이죠. 하지만 상황이 정말로 절망적일 때는 오히려 문제 외의 다른 것들에 신경을 쓰는 것이 최선일 때가 있습니다. 대공황 동안 제 고모할머니들은 최악의 재정 상황이나 텅 빈 식료품 수납장에 대해 굳이 입 밖으로 꺼내지 않았습니다. 남극 탐험가들이 추워 죽겠다고 우는 소리를 할 필요는 없습니다. 배가 침몰하고 있을 때 "우리 모두 죽을 거예요!"라고 비명을 질러봤자 아무 소용이 없습니다.

역경에서 벗어나는 것이 불가능할 때, 다른 사람들 돕기, 명랑한 기분 유지하기, 존엄성 잃지 않기, 관용 베풀기 같은 태도들은 최고의 미덕으로 작용합니다. 제 할머니가 암으로 시한부 환자의 삶을 사실 무렵, 저는 할머니의 용감함과 다른 사람들에 대한 배려에 탄복했습니다. 할머니는 이렇게 대답하셨죠. "어떻게 행동하든 난 곧 죽게 될 거야. 불평한다고 통증이 사라지지는 않지. 이 상황을 품위 있게 이겨냈다는 만족감을 느끼는 게 더 낫다 싶어."

절대적인 미덕이란 없습니다. 가족 중 한 사람만이 지나치게 버티다 보면 다른 가족들은 태만하게 행동하게 되고 버티던 사람은 순교자가 되고 맙니다. 우리는 내담자들에게 상황을 현실적으로 평가한 후 할 수 있는 일은 하고 할 수 없는 일은 받아들이라고 권유할 수 있습니다. '알코올의존자를 위한 자조모임'에서 하는 평온의 기도가 추구하는 바이기도 합니다. "제게 바꿀 수 없는 것은 받아들이는 평온을 주옵고, 바꿀 수 있는 것은 바꾸는 용기를 주옵소서. 그리고 이 둘을 분별하는 지혜를 주옵소서."

물론, 로라, 우리의 내담자들은 북투어보다 훨씬 더 견디기 힘든 일들을 겪고 있습니다. 당신의 내담자인 다나는 고객서비스 콜센터에서 근무를 마치고 집에 돌아오면 고삐 풀린 망아지 같은 십대 아들과 두뇌 손상을 입어 한시도 눈을 뗄 수 없는 어머니가 기다리고 있습니다. 두 사람 사이에서 옴짝달싹 못하고 갇혀 있는 그녀에게 진짜 삶이라고는 콜센터 근무가 전부입니다. 당신은 다나에게 울고 싶으면 울고 자신의 감정을 당신에게 털어놓으라고 할 수 있을 것입니다. 또한 자기자신을 돌보는 법에 대해 조언을 할 수도 있을 것입니다. 하지만 무엇보다 당신이 주로 그녀에게 이야기하거나 조언하게 될 것은, 테네시 윌리엄스의 말을 빌리자면 "우리는 버팀으로써 버틴다"라는 사실일 것입니다.

우리가 우리 자신을
돌보지 않는다면

※

4월 27일

오늘 아침, 동료 심리치료사 칼이 전화를 걸어서 곧 일을 그만둘 예정이라고 말했습니다. 칼은 너털웃음을 웃더니 낚시 가게를 열 계획이라고 했습니다. 그러고는 이내 자신이 완전히 소진되었다고 말했습니다. 상담 시간 동안 그의 머릿속에는 아침에 아내와 무슨 얘기를 나눴는지, 점심에 뭘 먹을지, 주말에는 어디로 낚시를 떠날지 따위의 생각이 맴돌았다고 합니다. 자신이 상담에 집중하지 못하고 자꾸 손목시계를 확인한다는 걸 알아챘죠. 칼은 임상심리학 박사지만 앞으로 잔디를 깎고, 삽으로 눈을 치우고, 사람들이 홈통 청소하는 걸 돕겠다고 했습니다.

아는 사람 중에 이 일을 그만둔 게 칼이 처음은 아닙니다. 대부분의 심리치료사들은 자신이 심리치료사가 된 것을 감사하게 생각합니다. 그렇지만 매년 일부 심리치료사들은 조금

덜 힘든 일을 찾아 이 일을 그만둡니다. 한편, 이 일을 그만두는 게 좋을 텐데 그러지 않는 사람들도 있습니다. 그들은 완전히 소진돼버렸지만 관성에 따라 이 일에 계속 머무릅니다. 그들과 그들의 내담자들이 안타깝게 느껴집니다.

)

칼과 대화를 하고 난 후 당신에게 자기 자신을 보호하는 일에 대해 말해주고 싶었던 것들이 다시 생각났습니다. 제가 대학원에 다닐 때는 아무도 얘기해주지 않은 것들이죠. 우선, 당신 자신을 돌보는 일은 부분적으로는 당신이 내담자들에게 설파하는 것들을 스스로 실천하는 일이라고 할 수 있습니다. 본인은 담배 냄새를 풍기면서 누군가에게 담배를 끊으라고 할 수는 없는 노릇입니다. "내가 시키는 대로 해. 내가 어떻게 하는지는 상관하지 말고"라는 메시지를 보내는 사람은 좋은 부모도 좋은 심리치료사도 될 수 없습니다.

맑은 정신을 유지하기 바랍니다. 심리치료는 '결근'을 할 수 있는 일이 아닙니다. 한번은 캔자스시티에서 밤새도록 콘서트를 보고 나서 상담을 한 적이 있습니다. 하루 종일 연신 하품을 참으며 카페인과 당을 무기 삼아 졸음의 공격에 맞서 싸웠습니다. 그날 제게 상담을 받은 내담자들은 소중한 돈과 시간을 도둑맞은 것이나 마찬가지였습니다. 물론, 누구나 아이가 아프거나 이웃이 요란하게 파티를 열어 잠을 설칠 수 있습니다. 그렇지만 평일 저녁에 록 콘서트에 가는 일은 충분히 피할 수 있죠. 제 남편 짐은 늘 이렇게 말하곤 합니다. "밤에 잠을 잘 자지 못했다면 전기톱을 켜거나 상담을 해서는 안 돼."

찰스 디킨스는 한 시간 글을 쓰면 한 시간 산책을 했다고 합니다. 심리치료사에게는 꿈같은 얘기일지 모르지만, 최소한 우리는 가능할 때마다 몸을 움직일 필요가 있습니다. 제가 아는 한 심리치료사는 매일 일을 마치고 나서 장작을 패고 또 다른 심리치료사는 매일 승마를 합니다.

많은 심리치료사들은 칼 융이 이른바 '상처 입은 치유자 wounded healer'라고 칭한 사람들입니다. 가족 중에 정신질환을 앓는 사람이 있거나 스스로 트라우마를 경험한 적이 있습니다. 물론 자아실현을 하지 못해도 다른 사람들을 도울 수는 있습니다. 하지만 스스로가 지나치게 궁핍하다면 다른 사람에게 베풀 게 마땅치 않은 법입니다. 이런저런 조언으로 책 한 권을 채울 수도 있겠지만 제 생각은 다음의 세 단어로 요약될 수 있습니다. "스스로의 삶을 사세요." 일에만 몰두하지 말고 다양한 인간관계를 맺고 취미생활을 즐기세요. 당신을 웃게 만들고 당신의 배터리를 재충전해주는 일들을 하세요. 아기를 꽉 껴안거나, 요리수업을 듣거나, 영화감상모임에 가입하세요.

우리는 생각과 말만으로 하루를 다 보내기 때문에 여가시간은 촉각을 즐기며 보내는 것도 좋습니다. 요가와 명상은 우리를 스스로의 몸과 다시 연결시켜주고 긴장한 근육들을 이

완시켜줍니다. 심리치료는 지긋지긋할 정도로 애매모호하기 때문에 우리는 가끔씩 완성작을 볼 필요가 있습니다. 가령, 퀼트 작품이라든지 유화작품이라든지 새로 칠한 오크나무 책상 같은 것들 말입니다. 짐은 일이 끝나면 상담실을 박차고 나가 큉음을 내며 시내에 있는 주 바라는 술집으로 질주합니다. 그곳에서 짐은 기타를 멘 채 무대를 활보하고 관중을 향해 노래를 부릅니다. 관중 속에는 짐이 바로 그날 상담실에서 만났던 내담자들이 끼어 있기도 하죠. 짐은 주 바를 내담자와 심리치료사가 함께 강하고 빠른 블루스에 맞춰 춤을 추는 곳이라고 애정을 담아 말하곤 합니다.

심리치료사의 일은 봉봉 캔디와 버번위스키를 즐기는 카리브해 크루즈 여행이 아닙니다. 매일매일 자살충동에 시달리는 내담자들을 만나고, 의료행정 공무원들과 언쟁을 하고, 학대받고 방치된 아이들에 대해 걱정을 합니다. 제가 가장 힘들다고 느끼는 일은 부부들이 이혼하기로 결정을 내리는 순간에 함께 있는 일입니다. 그들의 고통이 제게 전이되어 저를 황폐화시킵니다. 스트레스를 해소할 수 있는 좋은 방법들을 찾지 못한다면 좋지 않은 방법에 휘둘릴지도 모릅니다. 그러므로 스스로를 달랠 수 있는 대여섯 가지 방법들을 대비해놓기 바랍니다.

동료들과 함께 상담실을 열었을 때는 힘들 때마다 동료들이 조언을 해주고 공감해주었습니다. 그들은 제 이야기를 들어주고, 스트레스가 심하거나 불안할 때마다 어떤 식으로든 저를 웃게 만들어주었습니다. 우리는 매주 직원회의를 하고 매년 조용한 곳으로 여행을 떠나 중요한 질문들에 매달렸습니다. 우리는 왜 이 일을 하고 있는가? 우리는 여전히 이 일을 즐기고 있는가? 어떻게 하면 이 일을 더 잘할 수 있을까?

짐과 둘이서 상담실을 열고 난 후 우리는 일하는 시간을 일정하게 제한하기로 했습니다. 우리는 우리 자신을 고갈될 수 있는 자원으로 여겼습니다. 심리치료를 계속하기 위해서는 주의 깊은 관리가 필요한 자원이었죠. 우리는 쇼핑을 좋아하지 않았기 때문에 다른 사람들에 비해 비교적 적은 돈으로 살아갈 수 있었습니다. 우리는 아이들이 수영대회에 나가거나 바이올린 연주회를 하면 상담실을 닫았습니다. 우리는 항상 돈보다 시간을 더 소중하게 여겼고 우리의 시간을 파는 일에 대해 매우 신중했습니다.

당신에게 우리기 했던 대로 하라고 추천하는 건 절대 아닙니다. 우리는 투박한 낡은 가구들, 너덜너덜해진 타월들, 할인품목 코너에서 산 옷들로 놀림을 많이 당했습니다. 24만 킬로미터도 넘게 달린 자동차를 운전하고 싶은 사람도 별로 없겠죠(우리가 사치를 부리는 대상은 물건이 아니라 경험이었습니다.

우리는 레스토랑, 콘서트, 여행을 좋아합니다). 다만 저는 자신이 하는 일들에 대해 더 계획적이 되라고 말하고 있는 것입니다. 스케줄을 우연에 맡기지 말길 바랍니다.

하루에 몇 명을 상담하면 적당할지 기준을 세우고 그걸 지키세요. 제 한계는 여섯 명이었습니다. 저보다 강인한 어떤 심리치료사들은 하루에 여덟 시간 동안 심리치료를 할 수 있다고 자신하더군요. 다루기 힘든 내담자들을 너무 많이 받지 마세요. 자신이 항상 거절할 수 있다는 사실을 절대 잊지 말기 바랍니다. 이미 꽉 찬 스케줄에도 불구하고 사탕발림에 넘어가 새로운 일을 맡지 마세요. 다른 사람의 소개를 받아 온 내담자들은 일을 더 많이 하도록 당신을 압박할 것입니다. 그들은 이렇게 꼬드길 겁니다. "이 중요한 일을 믿고 맡길 분은 선생님밖에 없어요." 하지만 업무량이 이미 꽉 찼다면 반드시 거절해야 합니다.

심리치료사 면허증과 온전한 정신 둘 모두를 지키고 싶다면 항상 직업윤리강령을 따르기 바랍니다. 상담실 밖에서 당신의 삶과 조금이라도 연결되어 있는 사람은 받지 마세요. 친척들에게 아이큐 테스트를 해주거나 성격특성항목표에 조카를 집어넣지 마세요. 이웃들을 보고 함부로 진단을 내리고 꼬리표를 붙이지 마세요. 당신이 사랑하는 사람들에게 당신은 심리치료 전문가가 아닙니다. 자기도 모르게 친구에게 심리치료사처럼 굴다가 완벽하게 멋진 우정을 망가뜨려버릴 수도 있습니다.

내담자들의 부적절한 요청에 응하지 마세요. 내담자와 함께 점심식사를 하거나 내담자에게서 암웨이 제품을 사거나 내담자를 고용해 아이를 돌보게 하거나 집을 수리하지 마세요. 아무런 조건도 없을 때 관계가 가장 강해지는 법입니다. 어떤 조건도 만들지 마세요.

로라, 이 조언은 따르기 힘든 조언일 수 있습니다. 하지만 이 조언을 따르지 않는다면 더 힘들어질 것입니다. 우리 일은 위험이 큽니다. 자칫 실수라도 하면 누군가 생명을 잃을 수도 있습니다. 또한 우리가 우리 자신을 제대로 돌보지 않는다면 우리는 내담자들처럼 우울증에 걸리거나 불안감에 시달리거나 분노를 제어하지 못할 수도 있습니다. 부탁건대, 심리치료사로서의 당신 자신을 어떻게 보호하고, 다시 충전하고, 기쁘게 할지에 대해 주의 깊게 고민해보기 바랍니다. 로라, 당신이 10년 후에 낚시가게에서 미끼를 팔거나 삽으로 눈을 치우는 일을 생업으로 삼는 일은 없기를 간절히 바랍니다.

약물치료가 항상
정답은 아닙니다

✳

5월 15일

저는 이번 주 내내 우울한 기분과 싸우고 있습니다. 무엇 때문에 우울해졌는지 알아내기가 쉽지 않습니다. 때로 우울함은 업무에 대한 부담이나 친구의 안 좋은 소식으로 인한 슬픔처럼 느껴집니다. 때로는 제가 일종의 생물학적 진창으로 인해 고통 받고 있는 것처럼 느껴지기도 합니다. 이 진창이 제 평안한 삶 속으로 스며들어와 진흙으로 제 삶을 덮어버릴 것만 같습니다.

봄이 자살의 계절이라는 사실을 알고 있나요? 아무도 정확한 원인은 알지 못합니다. 생화학적인 원인일 수도 있고 혹은 주변에 사랑이 넘치는데 자신은 여전히 불행하기 때문에, 또는 영영 우울증에서 벗어나지 못할 것처럼 느껴지기 때문일 수도 있습니다.

지난주에 우리는 당신의 내담자 마를렌에게 항우울제가 필요할지를 두고 논쟁을 벌였습니다. 그리 놀라운 일은 아닙니다. 우리의 의견 차이 중 일부는 이론에서 비롯된 것이고, 일부는 세대 차이에서 비롯된 것 같습니다. 저는 좋은 정신과 약물이 출시되기 전에 학교에 다녔고 심리치료사와 내담자의 관계 측면에서 해결책을 찾으라고 훈련을 받았습니다. 약물 처방이 아니라 말입니다. 당신은 저에 비해 생물학적 결정론자의 면이 더 강합니다. 우리는 마를렌의 사례에 대해 주로 철학적인 이야기를 나누었습니다. 그녀는 남자친구에게 차였기 때문에 슬픔에 휩싸인 건 아닐까요? 약물치료를 한다면 언제부터 해야 적절할까요? 저는 당신의 이 마지막 말에 웃음을 터뜨렸습니다. "생물학이 절대적인 건 아니에요. 하지만 찬밥 신세를 받을 정돈 아니죠."

만약 다섯 명의 심리치료사가 마를렌을 만난다면 그들은 그녀가 왜 슬픈지에 대해 다섯 가지 서로 다른 이론을 내놓을 것입니다. 우리 분야는 인간이 특정한 방식으로 행동하는 이유에 대해 항상 대립된 의견들을 가져왔습니다. 많은 초기 이론들은 이제 녹이 슬었지만, 그중에는 여전히 커다란 영향력을 발휘하는 이론들도 있습니다. 이 이론들은 생화학, 유전학, 환경 이론에서부터 영성, 실존주의 이론에 이르기까지 매우 폭이 넓습니다. 우리는 사람들이 문제를 겪는 이유가 특정 유형의 두뇌나 선천적 기질 때문이라고 생각하기도 합니다. 혹은 아동학대의 피해자이거나 억압받는 소수집단의 일원이거나 가족 안에서 특정 순번으로 태어나서라고 생각하기도 하죠. 또한 고통이 부적응 행동 패턴, 커뮤니케이션 기술 부족, 비이성적 사고, 삶의 의미 부재 등과 관련되어 있다고 생각하기도 합니다.

의심의 여지 없이, 어떤 우울증은 생물학적 원인에 근거하고, 매우 뿌리가 깊고, 환경과 비교적 큰 관련이 없기도 합니다. 어떤 내담자들을 보면 저는 리처드 코리가 떠오릅니다. 리처드 코리는 에드윈 알링턴 로빈슨의 유명한 시에 등장하는 인물로 매우 건강하고, 주위의 사랑을 듬뿍 받고, 여러 모로 성공한 사람이지만 끝내 자살하고 맙니다. 저의 한 내담자는 절망에 매우 쉽게 빠졌는데 심지어 행운이 생겨도 그녀는 소스라치게 놀랐습니다. 한번은 그녀가 포춘쿠키를 열자 "당신에게 하늘에서 돈벼락이 떨어질 것입니다"라고 적힌 쪽지가 들어 있었습니다. 그녀는 비명을 질렀습니다. "세상에, 머리에 맞으면 즉사하고 말 거야."

)

우리가 우울증이라고 부르는 것 중 대부분은 단지 여러 사건들로 인한 슬픔일 경우가 많습니다. 제 내담자 에린이 생각납니다. 에린은 둔하고 무신경한 남편과 함께 살며 형편없는 직장에 다니고 있었고 그녀의 삶에는 재미있거나 보람 있는 일이 거의 없다시피 했습니다. 토론토에서 묵었던 호텔에서 기념품 가게를 운영하던 아민도 생각납니다. 그는 조국에서는 정신과의사였지만 캐나다에서 진료를 할 수 있는 면허를 발급받을 수 없었습니다. 그는 제게 아조레스 제도에서 열린 국제 컨퍼런스에서 논문을 발표한 적이 있다고 자랑스럽게 말했습니다. 현재 그는 박하사탕과 생수를 팔며 하루하루를 보냅니다.

옛날 컨트리음악 가수인 샘 모로의 말을 인용하자면, "우리는 '정상인 것'과 '정상이 아닌 것' 사이의 차이를 구분할 수 있어야 합니다." 우리의 가장 중요한 임무 중 하나는 내담자들이 슬픔과 우울증을 구별 짓도록 돕는 것입니다.

극단적인 경우에는 오히려 결론을 내리기 쉽습니다. 리처드 코리는 항우울제를 복용했다면 도움을 받았을지도 모릅니다. 에린은 새로운 직장, 몇몇 동성 친구들, 취미생활로부터 도움을 얻을 수 있습니다. 아민은 의사 면허증을 발급받을 수 있게 도와줄 중개인이 필요합니다. 하지만 마를렌의 사례 같은 경우에는 의견의 일치를 보기가 힘듭니다. 마를렌의 사례는 아마 'A와 B 둘 중 하나에만 해당하는' 사례가 아니라 'A와 B 둘 모두에 해당하는' 사례일 것입니다.

빛이 입자와 파동의 두 가지 성질을 지니고 있다는 사실을 알면 빛을 가장 잘 이해할 수 있게 되는 것과 마찬가지로, 정신건강적인 문제 또한 생화학적인 요인과 환경적인 요인이 결부되어 있음을 잊지 말아야 합니다. 게다가 이 두 요소들은 서로 상호작용을 합니다. 다양한 연구가 환경에 대한 반응이 두뇌에 영구적인 변화를 야기한다는 사실을 보여줍니다. 우울증에 걸린 사람들은 우울증에 걸리지 않은 사람들과는 다른 모습의 두뇌를 가지고 있습니다. 하지만 또한 우울증에 걸린 사람들은 우울증에 걸리지 않은 사람들과 다른 모습의 삶을 살고 있을 때가 많습니다. 가령, 조깅을 덜 하거나 파티와 피크닉에 잘 참여하지 않는 식으로 말입니다.

양극성 정동장애와 조현병은 만약 환자가 노숙자가 아니거나, 유방암과 싸우고 있지 않거나, 폭음을 하지 않거나, 학대적 관계 속에 있지 않다면 더 쉽게 관리될 수 있을 것입니다. 생활방식과 삶의 여러 선택들은 신체건강에 영향을 미치는 것과 마찬가지로 정신건강에도 영향을 미칩니다. 사실, 모든 장애는 매우 많은 원인에서 비롯됩니다. 그렇다면 우리는 어떤 요소들을 강조해야 할까요?

내담자들은 우리에게 "왜?"라는 질문을 많이 던집니다. "왜 저입니까? 무엇이 이 병의 원인입니까?" 우리는 가능한 한 가장 온건한 이론을 선택할 필요가 있습니다. 즉, 가장 적은 수의 근본적인 변화로 내담자들의 기분이 나아질 수 있는 이론 말입니다. 우리는 내담자의 부모나 회복 기억◆, 염색체를

◆ 유년기에 겪었던 성적 학대 같은 트라우마적인 사건에 대한 기억으로 잊혔다가 다시 상기된 기억.

비난하고 싶지 않습니다. 우리는 그들이 좋은 결정들을 내리도록 이끌어주는 이론을 이용해 그들의 상황을 해석하고 싶습니다.

)

우리가 마를렌에게 하는 말들은 그녀가 무엇을 하고, 그녀가 자신을 어떻게 생각하고, 다른 사람들이 그녀를 어떻게 생각할지에 영향을 미칠 것입니다. 우울증이라는 진단을 받는 일은 유리하기도 하고 불리하기도 합니다. 마를렌은 다른 사람들의 도움과 지지를 받을 수 있을지 모릅니다. 하지만 행복이 자신의 통제 밖에 있다고 느끼게 될지도 모릅니다. 또한 다른 사람들이 마를렌은 미덥지 않고 가망이 없다고 깎아내리게 만들지도 모릅니다. 그러므로 당장 오늘 아침으로써는 다음이 우리가 할 수 있는 최선이라고 생각합니다.

마를렌이 남자친구와의 결별로 인한 슬픔 그리고 우울증, 이 둘의 결합 때문에 괴로워하고 있다고 추정합시다. 우리는 그녀에게 한 달의 시간을 주고 약물치료 없이 우울증과 싸우도록 할 것입니다. 그동안 당신은 마를렌의 가족의 역사, 인간관계, 수면 패턴, 알코올과 약물 남용 여부 등에 대해 더 많은 정보를 얻을 수 있을 것입니다. 또한 '마를렌에게 친절하게 대하기' 같은 숙제를 내줄 수도 있습니다. 마를렌에게 자신을 아끼는 사람들과 매일 만나라고 격려하세요. 재미있는 영화를 보고, 거품목욕을 즐기고, 차분한 음악을 들으라고 권하세요. 운동을 추천하세요. 많이 할수록 더 좋습니다. 마를렌에게 자신이 자랑스러워하는 것들을 종이에 적어보게 하세요. 그녀에게 짧은 휴가 또는 휴식을 이용해 순간순간을 음미하는 시간을 가지는 법을 가르쳐주세요. 그녀를 힘들게 하는 문제들에 대해 이야기를 나누세요. 그러고 난 후, 그녀가 얼마나 회복되는지 지켜봅시다. 만약 한 달 안에 크게 좋아지지 않는다면 약물치료에 대해 다시 고려해보도록 하죠.

그사이에 저를 한번 찾아오세요. 이 문제들에 대해 조금 더 깊이 토론할 수 있을 것입니다. 함께 산책을 하는 건 어떤가요. 산책은 우울증과 슬픔 두 가지 모두에 도움이 되는 치료법입니다. 또한 슈퍼비전 시간을 매우 즐겁게 만들어주기도 하죠.

사랑에 빠지기, 섹스하기,
상대에게 헌신하기

✳

5월 21일

어젯밤 저는 친구와 라임에이드를 마시면서 그녀의 새 남자친구에 대해 이야기를 나누었습니다. 코라는 총명하고, 차분하고, 세련된 여성입니다. 그렇지만 연애에 대해 이야기를 나눌 때면 겁에 질린 어린아이 같아 보입니다.

코라는 3년 전 의대생일 때 결혼을 했습니다. 3년의 괴로운 시간을 보내고 나서 그녀는 이혼을 했습니다. 코라는 자신의 결혼생활에 대해 서글프게 말했습니다. "저는 어렸고 제가 원하는 것을 요구하는 데 익숙하지 않았어요. 너무 많은 일들을 감정적으로 받아들였어요. 나이를 먹을수록 다른 사람들의 행동 방식이 대부분 제게 맞지 않는다는 걸 깨닫고 있어요."

이혼 후 코라는 남성과 가까운 관계를 맺는 것을 피했습니다. 9·11 테러 사건의 비극 이후에야 정서적 지지를 원하는 마음이 상처받을까 봐 두려운 마음보다 더 커졌습니다. 3개월

전, 코라는 교회에서 미혼자들을 대상으로 연 댄스파티에서 아니를 처음 만났습니다. 아니는 건설업에 종사하는 근면하고 쾌활한 남성이었습니다. 코라는 새로운 관계를 잘 꾸려나가려고 애쓰고 있습니다. 사랑을 줄 만한 가치가 없는 남자에게 만족하고 싶지도 않지만 지나치게 까탈스럽게 굴고 싶지도 않습니다. 코라는 한숨을 쉬면서 말했습니다. "제 기준이 그렇게 높다고 생각하진 않아요. 저는 재미있고, 직업이 있고, 도덕적이고, 중독자가 아니고, 미혼인 이성애자를 원해요. 엄청난 자격을 갖춘 남자를 찾고 있는 게 아니에요."

코라와 아니는 대개 데이트 시간을 즐겁게 보냅니다. 코라는 민주당을 지지하고 아니는 공화당을 지지하지만 그들은 자신들의 정견 차이에 대해 대수롭지 않다는 듯 웃어넘깁니다. 그렇지만 코라는 아니가 자신이 하겠다고 말한 것을 잘 지키지 않아서 조마조마합니다. 또한 아니는 자기를 잘 내보이는 스타일이 아니어서 코리가 자신의 감정에 대해 말을 꺼낼 때마다 다른 쪽으로 화제를 돌려버립니다. 저는 코라에게 주의를 줬습니다. "여자들의 99퍼센트는 남자가 여자의 감정을 다루는 일에 대해 쥐뿔도 모른다고 말해요." 코라는 웃음을 터뜨린 후 수긍했습니다. "저도 나머지 1퍼센트에 속하는 여자는 한 번도 못 본 것 같네요."

제 집을 떠나면서 코라가 털어놓았습니다. "저는 제 언니가 부러워요. 미주리주의 휴먼스빌에 사는 가정주부가 되고 싶은 건 아니에요. 하지만 언니는 값비싸고 불편한 옷을 입은 채 유행에 뒤처지지 않으려고 발버둥 칠 필요가 없죠."

　　데이트를 거듭하면서 코라는 '정서적 지뢰밭'으로 들어가고 있습니다. 사랑에 빠지기, 섹스하기, 상대에게 헌신하기. 어떤 순서로 하든 이런 일들에는 항상 위험이 따르죠. 그렇기 때문에 유사 이래 시공간을 막론하고, 구애 행위는 대단히 엄격하게 의례화되어 있었습니다. 하지만 21세기 미국에서의 연애는 우리 모두를 불안하게 만들고 있습니다.

　　코라의 이야기를 들으니 심리치료사로 일하면서 만났던 수많은 사람들의 이야기가 떠올랐습니다. 유쾌하고 매력적인 애비는 자신을 사랑하는 남성을 찾을 수가 없었습니다. 애비는 CEO였고 남성들은 그녀의 권력에 위협감을 느꼈습니다. 윌리는 항상 그를 나쁘게 대우하는 여성들만 만났습니다. 딘과 마젠타는 14년 동안 만나왔지만 한 번도 동시에 서로에게 헌신한 적이 없었습니다. 아버지가 돌아가신 후 샤나는 폭력적인 알코올의존자 남성과 동거를 시작했습니다. 마샤와 미치는 서로를 보살피는 관계였습니다. 니치가 항상 비밀스럽게 섹스 파트너들을 두는 것만 제외하면 말이죠. 그는 섹스 파트너들과의 관계를 '놀이 관계'라고 불렀습니다.

　　제가 젊었을 때에도 연애는 쉬운 일이 아니었습니다. 자동차 뒷자리에서 몸싸움을 벌이고 스킨십을 어디까지 하느냐를 두고 말다툼을 했죠. 섹스에 대해 협상을 벌이며 여성들은 불안감을 느꼈고 남성들은 분노를 표출했습니다. 그렇지만 요즘은 더 심각해졌습니다. 섹스에 대한 정보는 더 많아졌지만 섹스에 대한 압박 또한 더 심해졌습니다.

연애의 규칙들은 모순적일 때가 많습니다. 현실적이지만 멋있어야 하고, 섹시하지만 섹스에 집착해서는 안 되고, 매력적이지만 상대에게 너무 들이대서는 안 되고, 기대감을 드러내지 않으면서도 모든 일이 순조롭게 흘러가길 기대해야 합니다. 모든 사람은 이성적 판단을 하기에 앞서 자동적으로 정서적인 반응을 보입니다. 이용당할까 봐 또는 아무도 자기를 원하지 않을까 봐 걱정하고, 거부당할까 봐 또는 덫에 걸릴까 봐 두려워하고, 버림받을까 봐, 조종당할까 봐 무서워합니다. 연애는 조작된 게임이지만 유일한 게임이기도 합니다. 자신만의 가정을 꾸리기 위해서 반드시 해야만 하는 게임이죠. 게임이 안 좋게 끝나면 사람들은 정중하게 일어서는 걸 힘들어합니다. 이별에 대한 강렬한 감정은 지속성과 다정함을 갈구하는, 인간의 보편적 본능을 압도해버립니다. 상냥한 사람들이 결국 서로를 미워하게 됩니다.

텔레비전과 영화는 문제를 더 악화시킵니다. 우리는 멋진 사람들이 솜씨 좋게 서로 수작을 걸고, 그런 다음 우아하게 곡예 수준의 섹스를 하는 모습을 수없이 봅니다. 땀을 뻘뻘 흘리거나 입 냄새를 풍기거나 피임에 대해 의논 같은 건 하지 않죠. 섹스 문제 때문에 저를 찾아왔던 한 커플이 생각납니다. 헬렌은 몸무게가 많이 나갔고 밥은 매일 텔레비전을 끼고 살다시피 했습니다. 밥은 헬렌에게 살을 빼라고 압박했습니다. 헬렌은 밥에게 이렇게 말했죠. "포기해. 우리 가족 죄다 뚱뚱한 거 몰라? 게다가 살을 뺀다 한들 미셸 파이퍼가 될 리 없잖아." 씩씩하게 말했지만 헬렌은 밥의 평가에 내심 상처를 입었고 그의 앞에서 옷을 벗는 것을 두려워하게 됐습니다.

저는 이 커플에게 저녁을 먹고 난 후 함께 산책을 하라고 권유했습니다. 그렇게 하면 텔레비전과 분리된 환경에서 함께 신체활동을 할 수 있기 때문입니다. 밥은 이 아이디어에 대해 투덜댔지만 선뜻 체육관에 등록했고 두 사람은 함께 운동을 할 수 있게 됐습니다. 헬렌은 대찬성이었습니다. 텔레비전에서 떨어진 채 남편과 시간을 보낼 수 있다는 이유 하나만으로 말이죠. 그리고 점차 헬렌은 운동을 즐기게 됐습니다. 헬렌은 살이 많이 빠지진 않았습니다. 하지만 관계 문제에 대해 저와 상담을 하면서 헬렌의 몸무게는 밥에게 별로 중요하지 않게 됐습니다. 밥은 헬렌이 건강하기를 원한 것이었고 헬렌이 정말로 건강해지고 있었기 때문입니다. 게다가 밥은 헬렌의 다른 장점들을 인정하게 됐습니다. 그는 이렇게 말했죠. "맙소사, 절 참아주는 사람은 그녀밖에 없어요."

이미 어둡고 위태로운 상황은 사회에서 강조하는 '성차

gender difference'로 인해 더 악화됩니다. 남성들은 진정한 남자는 감정을 표현하지 않는 법이라고 배우며 자랍니다. 분노와 성욕만 제외하고 말이죠. 남성들은 너무 친절하게 대하면 여성들이 자기 멋대로 기어오른다고 배웁니다. 여성들은 추파를 던지는 법을 배웁니다. 하지만 노리개가 되지 않기 위해 비싸게 굴어야 하기도 하죠. 한편, 여성들은 시키지 않아도 알아서 설거지를 한 후 "사랑해"라고 귓가에 속삭이는 로맨틱한 영웅을 갈망합니다. 반면, 남성들은 성욕과 관련된 감정이 아니면 자신의 감정에 대해 솔직하게 말하는 것을 두려워합니다. 여성들은 상대에게 헌신을 요구하길 두려워하고 남자들은 쓰레기봉지를 내다놓거나 혹은 사랑에 빠졌다는 사실을 인정하면 약해 보일까 봐 걱정합니다.

한 가지 흥미로운 예외가 있습니다. 남성들은 자신의 예술작품 안에서는 감정을 맘껏 표현해도 됩니다. 가령 음악을 예로 들어볼까요. 무대 밖에서 쿨한 남성 음악가들은 태평스럽고, 절제되어 있고, 심지어 과묵하기까지 합니다. 하지만 이상하게도 무대에만 서면 '최고로 쿨한 남자들'은 노래 한 곡으로 우리의 가슴을 찢어놓습니다. 챗 베이커의 음악은 고통과 갈망으로 가득 차 있습니다. 하지만 무대 밖에서 그는 세상에서 제일 쿨한 힙스터의 면모를 보였습니다. 조지 존스, 조 코커, 밴 모리슨, B. B. 킹, 그리고 에버리 브라더스. 이 모든 남성 음악가들은 남녀관계가 죽느냐 사느냐의 문제인 것처럼 노래합니다. 이들의 목소리는 뜨거운 감정으로 떨리고, 신음하고, 갈라지고, 으르렁거립니다. 남성들이 현실에서 표현할 수 없는 온갖 감정들이 노래에서는 표현됩니다. 무대에서는 감정을 표출해도 괜찮습니다. 반면, 무대 밖에서는 남자다움을 과시해야만 합니다.

십대들은 데이트를 하고 연애를 하는 것보다 자동차를 운전하는 것에 대해 더 많이 배웁니다. 한번은 한 여대생에게 어떤 계기로 파트너와 섹스를 하겠다고 마음을 먹었느냐고 물은 적이 있습니다. 그녀는 이렇게 대답했습니다. "저도 잘 몰라요. 진탕 취해서 그냥 하는 거죠, 뭐." 제가 출강하는 대학교의 남학생이 여학생을 데이트 강간했다는 이유로 체포됐습니다. 이 남학생은 '첫 섹스를 기념하는' 꽃다발을 전화로 주문하던 참이었습니다. 전날 밤, 남학생은 서로 합의한 섹스를 했다고 생각했습니다. 하지만 상대 여학생은 그가 '싫다'가 정말로 '싫다'를 의미한다는 사실을 이해하지 못하는 것에 공포에 휩싸였습니다. 여학생은 자신의 기숙사로 돌아오고 난 후 교내 경찰에게 강간 신고를 했습니다.

많은 사람들은 연애라는 롤러코스터를 피하기 위해 결혼을 합니다. 이는 고통스러운, 잘못 이해된 문화적 관습 때문에 마녀를 두 발을 묶어 화형에 처하는 것과 다를 바 없습니다. 그럼에도 불구하고 비유를 덧붙이자면, 많은 사람들이 롤러코스터에서 내려 불구덩이로 뛰어듭니다.

로라, 내담자들에게 결혼에 대해 환상을 품지 말라고 경고하세요. 사람을 평가하기 위해서는, 여러 상황 속에서 그 사람을 지켜봐야 합니다. 내담자들에게 애인의 가족과 친구들을 만나보라고 권유하세요. 그리고 가족이나 친구가 없는 사람을 조심하라고 하세요. 여성들에게는 남성이 다른 여성에 대해 어떻게 이야기하는지 잘 들어보고 그들이 자신의 어머니를 어떻게 대하는지 잘 살펴보라고 하세요. 또한 애인이 과거의 인연들을 어떻게 묘사하는지 주의를 기울여야 합니다. 상대를 비난하는 사람은 좋지 않습니다. 질투가 심하거나, 비밀이 많거나, 다른 사람을 조종하려 드는 사람도 마찬가지입니다. 자꾸 경계를 넘고 한계를 존중하지 않는 상대는 시간이 흐르면서 폭력을 휘두를 가능성이 높습니다. 지나치게 빨리 사이가 너무 뜨거워지는 것 또한 좋은 징조가 아닙니다. 안정된 사람들은 천천히 나아갑니다.

저는 그다지 로맨틱한 사람이 아닙니다. 저는 사랑에 빠지는 것보다 좋은 친구로 지내는 것을 더 신뢰합니다. 저는 내담자들에게 존중, 충실, 안정, 정직 등과 같은 옛날의 덕목들에 주의를 기울이라고 권유합니다. 연애를 하려면 마음을 강하고 단단하게 먹어야 합니다. 내담자들에게 이렇게 말하세요. 영화 속 장면과는 달리, 키스를 할 때는 눈을 크게 뜨고 있으라고 말입니다.

여름

Letters to a young therapist

최악의 결혼을
피하기 위해서

✳

6월 21일

저는 이제 막 아침 달리기를 마치고 돌아온 참입니다. 기온은 섭씨 32도이고 습도는 90퍼센트입니다. 6월은 짐의 밴드가 가장 바쁘게 활동하는 달입니다. 고온다습한 날씨 때문인지 주말에 야외 결혼식을 올릴 커플들이 측은하게 느껴지려합니다.

결혼식을 볼 때마다 저도 모르게 눈물이 납니다. 마음 한편에서는 이렇게 절규하죠. "정말 충분히 생각해봤나요?" 하지만 다른 한편으로는 결혼이 품고 있는 그 모든 연약함과 희망이 떠올라 왈칵 눈물이 쏟아집니다.

마크 트웨인은 "결혼은 신념이 경험을 이기는 경우다"라고 했습니다. 분명히, 결혼식 당일에 대부분의 커플들은 서로 깊이 사랑하고 있습니다. 그렇지만 시간이 흐르면서 거의 모든 결혼생활은 심각한 위기들을 맞게 되고 결국 그중 절반쯤은 이혼으로 끝이 납니다. 또 한 명의 위대한 작가 호르헤 루이스 보르헤스의 말을 인용해보자면 이렇습니다. "사랑은 완벽하지 않은 신을 섬기도록 만들어진 종교다."

지난 30년 동안 상담실에서 많은 커플들을 만났습니다. 시대의 흐름에 따라 어떤 문제들은 다른 문제로 대체되었고, 어떤 문제들은 여전히 똑같이 남아 있습니다. 1970년대 미국 중서부에서 커플들은 성생활에 대해 논쟁을 벌였습니다. 그 당시 저는 '부부관계 향상' 상담을 했습니다. 상담 시간에 저는 네브래스카주의 고리타분한 사람들에게 침실에서 창의력을 발휘하고, 대화를 많이 하고, 적극적으로 행동하라고 코치했습니다. 사람들에게 성생활의 만족감이 어떠냐고 물으면 어떤 사람들은 불안하거나 지루하다고 답하기도 했습니다. 아직도 얼굴이 붉어지려 합니다. 저는 그들에게 전희, 마사지, 자위행위에 대해 강의했습니다. 그리고 새로운 장소에서 다양한 체위로 섹스를 해보라고 권유했습니다. 오, 이런, 1970년대…. 당신 세대에게 당시의 '성 혁명'을 제대로 이해시키기는 쉽지 않을 것 같네요.

1980년대 커플들은 돈에 대해 말다툼을 벌였고, 1990년대 커플들은 시간을 두고 싸움을 벌였습니다. 그리고 지금의 커플들이 직면하고 있는 문제들은 과거의 이 세 가지 싸움을 모두 포함하고 있습니다. 요즘은 모두들 돈을 버느라 너무 바쁜 나머지 섹스를 할 시간이나 심지어 대화를 나눌 시간도 없습니다. 한 내담자가 말했듯이 "수면은 이제 새로운 형태의 섹스입니다." 하지만 오래된 문제들 또한 여전히 남아 있습니다. 어떻게 하면 갈등을 잘 해결할 수 있을까? 어떻게 하면 좋은 결정을 내릴 수 있을까? 어떻게 하면 시가나 처가 가족과 잘 지낼 수 있을까? 어떻게 하면 '나'와 '우리'를 조화시킬 수 있을까? 누군가가 보고 싶을 땐 옆에 있고 보기 싫을 땐 옆에 없게 할 수 있는 방법은 없을까? 어떻게 하면 열정이 지속되게 할 수 있을까?

결혼은 자연스럽고도 부자연스러운 제도입니다. 평생 함께 지내는 짝을 찾는 일은 여러 종에서도 관찰되는 행동입니다. 하지만 얼마 전까지만 해도 인간의 수명은 지금처럼 길지 않았습니다. 현대의 결혼생활은 취향과 스타일, 의사소통 방식, 습관이 서로 다른 두 사람이 거의 60년을 같이 살아야만 합니다. 이 긴 시간 동안 사람들은 크게 변화합니다. 칼 휘태커는 이렇게 말했습니다. "나는 지금까지 결혼을 일곱 번 했다. 모두 같은 여자와 말이다." 물론 배우자가 전혀 변하지 않는다면 그 또한 다른 층위의 문제를 야기할 것입니다.

최악의 결혼은 '상대와 함께 살 수 없고 그러면서도 상대 없이는 살 수 없는' 유형의 결혼입니다. 이런 결혼 유형에서 관계는 중독, 거짓말, 폭력으로 점철된 수렁에 빠지게 됩니다. 최악의 결혼에 버금가는 좋지 않은 결혼은 커플이 서로 완전히 단절된 유형의 결혼입니다. 이들은 공간 이외에 그 무엇도 공유하지 않습니다. 불과 얼음 모두 인간의 영혼을 파괴하기에 충분합니다.

열정적이지만 변덕스러운 커플들은 싸움과 화해를 밥 먹듯이 반복합니다. 과묵하고 내성적인 커플들은 갈등에 대한 논의 자체를 아예 피합니다. 시간이 흐르면서 점점 더 많은 문제들이 그대로 쌓이고 결국 해결되지 못한 문제들의 압도적인 무게에 결혼생활이 와해되고 맙니다. 이런 커플들은 말다툼 한번 없이 이혼하는 경우가 많습니다.

어떤 결혼생활에서는 한 사람이 일방적으로 모든 명령을 다 내리기도 합니다. 대부분의 결혼생활에서는 한 배우자가 주도하고 다른 배우자가 따릅니다. 또한 배우자를 즐겁게 하고자 하는 열망이 큰 사람이 다른 사람이 자신을 즐겁게 해주는 것만 좋아하는 사람과 살기도 합니다. '비커슨 부부Bicker-sons◆'라는 별명이 딱 맞는 커플들도 많이 있습니다. 이런 커플들에게 비난과 잔소리는 사랑의 다른 이름입니다.

커플들이 흔하게 겪는 역학관계는 한 사람은 지적이고 자기 조절을 잘하는 반면 다른 한 사람은 충동적이고 감정적인 경우입니다. 대개 남성이 더 냉정하고 분석적인 역할을 맡을 때가 많습니다. 심리치료사 잰 제거스는 이를 '바위와 마녀

◆　1946년 미국에서 방영된 라디오 코미디. 비커슨 부부가 주인공인데 항상 별것 아닌 일로 말다툼을 하며 부부싸움을 하는 것이 주요 내용.

증후군stone and witch syndrome'이라고 칭했습니다. 이런 유형의 결혼은 얼마 지나지 않아 와해되고 맙니다. 감정적인 사람은 배우자로부터 반응을 끌어내기 위해 점점 더 크게 소리를 지르는 반면 배우자는 점점 더 냉담해지고 반응이 없어집니다. 시간이 흐르면서 이런 커플은 인기 없는 역할에 갇혀버린 캐리커처 같은 모습이 되고 맙니다.

커플이 서로 대조적인 성격을 가지고 있으면 결혼생활에 도움이 되기도 합니다. 한 사람은 안정감을 제공하고 다른 한 사람은 에너지를 제공하면 관계가 잘 풀릴 때가 많습니다. 행복한 결혼생활을 하는 한 내담자는 "저는 연료예요. 그이는 브레이크구요"라고 말했습니다. 하지만 지나치게 자기를 통제하는 두 사람이 결혼하면 청결한 집, 균형 잡힌 재정, 잘 짜인 스케줄을 가질 가능성은 높지만 강박증에 시달리고 삶이 단조로워질 수도 있습니다. 반면, 정열적이고 감정적인 사람들 둘이 만나면 1년이 채 되기도 전에 서로를 불살라버릴 가능성이 높습니다.

지나친 차이는 사람을 외롭게 만듭니다. 한 커플이 기억납니다. 아내는 직관적이고, 공감능력이 높고, 복잡한 내면세계를 가진 사람이있습니다. 그녀는 컴퓨터 프로그래머와 결혼했는데 남편은 정서적이거나 대인관계에 관련된 문제에 담을 쌓은 채 아무 신경도 쓰지 않는 사람이었습니다. 그녀는 충실한 아내였고 불만이 있어도 아이들을 위해 결혼생활을 유지했습니다. 그녀는 모든 정서적 문제를 혼자 감당하며 결혼생활을 꾸려 나갔습니다. 하지만 남편의 무심함에 계속 상처를 받았습니다. 그녀는 비통하게 말했습니다. "그는 지나치게 무덤덤해요. 섹스하기를 좋아하고 돼지고기 소시지를 구울 줄 아는 여자라면 어떤 여자와도 잘 살걸요." 물론, 남편도 아내에게 건실한 시민이자 좋은 가장으로 제대로 인정받지 못하고 있다고 느끼고 있었습니다. 그 또한 아이들 때문에 결혼생활을 유지하고 있었습니다. 오직 의무만이 이 커플을 이어주고 있었죠. 오직 의무밖에 존재하지 않는다면 결혼생활은 누구에게나 괴로울 수밖에 없습니다.

)

정말로 행복한 결혼생활을 하는 사람들도 많이 있습니다. 어떻게 정의하느냐에 따라 매우 드물기도 하고 매우 흔하기도 합니다. 커플들에게 가까이 다가갈수록 그들의 관계에 존재하는 갈등들을 더 많이 알게 됩니다. 하지만 행복은 완벽함을 의미하지 않습니다. 많은 사람들이 해결되지 않은 만성적인 문제들을 안고 있음에도 불구하고 자신의 배우자를 사랑하고 소중히 여깁니다.

대부분의 결혼생활에는 인간관계의 모든 측면들이 결합되어 있습니다. 저는 도식화된 분류 체계를 거부하는 입장입니다. 어떤 인간도 하나의 특정 범주에만 속할 만큼 단순하지 않습니다. 알과 캐리나는 이 점을 잘 보여주는 커플입니다. 알은 몸에 딱 붙는, 물 빠진 청바지에 카우보이 부츠를 신고서 상담실로 걸어 들어왔습니다. 그는 가축 시장에서 경매인으로 일하고 있었습니다. 그의 아내인 캐리나는 한때 바텐더였지만 이제는 가정주부였습니다. 부풀린 금발머리를 한 채 그녀는 "이제는 알이 제 사장님이죠"라고 말했습니다. 이들이 상담실을 찾은 이유는 캐리나가 너그럽고 '밝히는' 여자로서의 역할에 지쳐가고 있기 때문이었습니다. 그녀가 집을 청소하고, 요리를 하고, 빨래를 하고, 정원을 가꾸는 동안 알은 항상 동네의 싸구려 술집에서 친구들과 노닥거렸습니다.

첫 번째 상담 시간에 저는 이 커플과 교감하는 데 어려움을 겪었습니다. 알은 상담실에 와 있다는 사실에 분개했고 분노의 화살을 제게 돌렸습니다. 그가 저를 "파이퍼 박사님"이라고 부르기에 분위기를 부드럽게 하려는 차원에서 그에게 "앞으로는 메리라고 불러주세요"라고 말했습니다. 그가 실실 웃더니 저를 "앞으로는 메리"라고 부르더군요. 제가 눈살을 찌푸리자 그는 어깨를 으쓱하더니 나긋나긋한 목소리로 "부인이 요청하셨잖소"라고 하더군요. 제가 이상적인 결혼생활이 무엇이라고 생각하느냐고 묻자 그는 이렇게 답했습니다. "완벽한 여자는 섹스를 밝히는, 술집 여주인이죠."

이런 식으로 잘난 체하는 수동공격형 인간이라니! 반면, 캐리나의 첫인상은 그와 완전히 딴판이었습니다. 캐리나는 잘 웃고, 다정하고, 자기 자신을 옹호하는 법을 전혀 모르는 사람처럼 보였습니다. 그녀의 첫마디는 "의사 선생님이 제 위경련 때문에 저희를 여기로 보내셨어요"였습니다.

물론, 좋은 심리치료는 첫인상에 매몰되어서는 안 됩니다. 알의 아버지는 어머니를 내키는 대로 두들겨 패고 어머니가 달걀을 팔아 번 푼돈을 주말에 시내까지 태워다준다는 핑계로 빼앗아가는 그런 사람이었습니다. 알의 또래문화도 크게 다르지 않았습니다. 알의 또래친구들은 여자는 집에 처박혀서 여자가 해야 하는 일들을 해야 한다고 믿는 녀석들이었습니다. 그가 자란 환경을 보건대, 알은 상당히 많은 발전을 했다고 볼 수 있었습니다. 알은 캐리나를 한 번도 때린 적이 없고 그녀가 즐겁게 살기를 진심으로 바라고 있었습니다. 그리고 그럴싸한 넓은 집에서 가정을 꾸려나가는 일에 캐리나가 왜 만족을 못하는지 도무지 이해할 수 없다는 눈치였습니다.

캐리나 또한 군림하는 아버지와 주눅 든 어머니 밑에서 자랐습니다. 캐리나는 자라면서 주위에서 자신의 의견을 당당하게 주장하는 여성을 한 번도 보지 못했습니다. 그렇지만 캐리나는 어떻게든 알을 상담실로 데려오는 데 성공했고 저의 도움을 받아 자신의 불만사항들을 천천히 입 밖으로 꺼내기 시작했습니다. 두 사람 모두 자신들의 결혼생활에 좋은 점도 있다고 인정했습니다. 캐리나는 이렇게 말했습니다. "알은 한 번도 바람을 피운 적이 없어요. 게다가 재물 운이 따르는 편이고요."

알은 제게 윙크를 한 다음 말했습니다. "더 열심히 일할수록 더 운이 좋아지는 법이죠." 제가 알에게 결혼생활의 어떤 점이 좋냐고 묻자 그가 능글맞게 웃으며 말했습니다. "캐리나는 침대에서 끝내줘요." 그런 다음 이내 진지한 목소리로 덧붙였습니다. "캐리나는 저의 제일 친한 친구입니다. 어떻게 저 같은 망나니를 참고 사는지 모르겠습니다."

두 사람이 정한 심리치료의 목표는 간단했습니다. 캐리나는 알이 토요일 밤과 일요일 밤에 집에 있기를 원했습니다. 그리고 주중에는 만약 집에서 저녁식사를 하지 않을 거라면 늦게라도 미리 전화를 걸어주기를 바랐습니다. "그러면, 대강 저녁을 차려 먹고 제가 원하는 식으로 시간을 보낼 수 있을 테니까요." 알은 "캐리나는 고칠 게 하나도 없어요"라고 말하다가 잠시 말을 멈췄습니다. "글쎄요, 살을 몇 킬로그램 뺀다면 좋겠지만요." 저는 한숨을 쉬었고 캐리나는 그에게 크리넥스 상자를 던졌습니다. 그는 호탕하게 웃더니 말했습니다. "알겠어, 알겠어. 그 말은 잊어버려."

이 커플의 의사소통 방식은 심리치료사가 추천할 만한 방식은 아니었습니다. 하지만 그들은 결혼생활에 대해 과하지도 부족하지도 않은 기대를 가지고 있었고 총 다섯 번의 상담을 하고 난 후 서로에 대해 상당히 만족해하며 상담실을 떠났습니다.

하고 싶은 말을 다 하는 것이 좋은 의사소통은 아닙니다. 많은 커플들이 의사소통이라고 생각하면서 서로 잔소리를 하고 비난하고 분통을 터뜨리며 많은 시간을 보냅니다. 하지만 이중 어느 것도 관계에 도움이 되지 않습니다. 좋은 매너는 딱

딱해진 마음을 부드럽게 녹여줍니다. 함께 크게 소리 내어 웃으면 긴장이 스르르 풀립니다. 알과 캐리나의 결혼생활이 보여주듯이, 상황을 더 나아지게 만드는 데는 정말 다양한 방법이 있습니다.

）

행복한 배우자들은 자신의 파트너를 실제보다 더 똑똑하고, 더 잘생기고, 더 섹시하다고 생각하는 경향이 있습니다. 배우자에 대한 이런 긍정적인 착각이 좋은 결혼생활에 도움이 된다는 사실이 연구를 통해 밝혀지기도 했습니다. 자신을 영웅으로 여기는 아내를 둔 남자는 영웅답게 행동할 가능성이 더 높습니다. 저는 이 연구 결과를 심리치료에 접목시켰습니다. 배우자에 대한 긍정적인 말은 더욱 장려하고 배우자에 대한 부정적인 말에는 문제를 제기했습니다("깊은 물은 고요히 흐른다는 당신의 말에 전적으로 동의합니다", "남편이 당신을 사랑하지 않는다고 생각하는 이유가 무엇인가요?").

저는 50년이 넘게 행복한 결혼생활을 해온 커플을 알고 있습니다. 그들의 결혼기념일 축하파티에서 사람들은 오랜 결혼생활을 되돌아보니 어떤 생각이 드느냐고 물었습니다. 아내는 이렇게 대답했습니다. "우리가 서로를 고쳐보겠다고 땀을 뻘뻘 흘리면서 낭비했던 시간이 후회됩니다." 남편은 이렇게 말했습니다. "제 결혼생활의 비결은 단 하나입니다. 저는 매일 아침 일어나자마자 거울을 들여다보며 스스로에게 말했습니다. '너도 대단한 사람은 아니야'라고 말입니다."

희망은 언제 어디에나 존재합니다. 절대 죽지 않습니다. 희망을 구하는 오랜 세월 동안 깊은 지혜와 감정이 생겨나곤 합니다. 아그네스 숙모가 생각납니다. 자그마한 체구에 많이 노쇠하셨고 심한 골다공증에 시달리고 계시죠. 하지만 아그네스 숙모는 덩치가 크고 휠체어에 매여 사는 구십대의 삼촌을 정성껏 보살핍니다. 숙모의 건강 상태로 보면 힘이 부치는 일임에 분명하지만 아그네스 숙모는 이렇게 말합니다. "그이에게 집에서 편안하게 눈을 감을 수 있는 선물을 주고 싶어." 화려한 결혼식 예복을 입고 있는 젊은 커플들은 아직 상상조차 할 수 없는, 그러한 종류의 사랑이죠.

가족치료는 빗방울 사이로
춤을 추는 일입니다

✳

6월 23일

처음으로 가족치료 실습 일정을 잡아놓은 후 당신은 혼이 나간 듯한 표정으로 제게 물었죠. "이 사람들을 데리고 뭘 해야 하죠?"로라, 약속한 대로 가족치료에 대한 의견들을 편지에 적어 보냅니다. 주의사항: 상당히 긴 편지가 될 거예요!

)

저는 텍사스주 갤버스톤에 있는 텍사스 의과대학에서 인턴으로 일할 때 첫 가족치료를 하게 됐습니다. 학생들과 지도교수들로 이루어진 감독 팀이 한쪽 방향에서만 보이는 거울 뒤에서 저를 지켜보고 있었죠. 인턴 수련 지원서에 스페인어를 할 줄 안다고 썼기 때문에 저는 멕시코 엄마와 그녀의 제멋대로인 다섯 아이들을 맡게 됐습니다. 아, 제 스페인어 실력은 흥분한 상태로 속사포처럼 말을 내뱉는 멕시코 여인을 감당하기에는 형편없이 부족했습니다. 제가 그녀의 이야기를 절반도 이해하지 못하고 있는 동안 아이들은 자제력을 잃고 이리저리 날뛰기 시작했습니다. 막내아이는 상담실 벽을 말 그대로 등반했고 그 과정에서 커튼을 잡아 찢어 바닥에 떨어뜨렸습니다. 감독 팀은 전화로 실행 불가능한 지시들을 계속 내려댔고 제가 허둥지둥하는 것을 보고 웃음을 터뜨렸습니다.

두 번째 가족치료는 다행히도 감독 팀에게 감시당하지 않았습니다. 중산층 부부와 반항적인 십대 아이가 가족치료 대상이었습니다. 당시에 저는 십대들에 대해 쓸 만한 정보를 하나도 모르고 있었습니다. 하지만 그들은 제가 우쭐해하며 아무짝에도 쓸모없는 조언을 장황히 늘어놓는 것을 막지 않았습니다. 지금 생각해보면 그 부부가 정말로 놀라운 인내심을 발휘한 것 같습니다.

한 가지 간단한 사례도 있었습니다. 젊은 커플이 다섯 살짜리 딸아이를 데리고 상담실을 찾았습니다. 딸아이가 야경증이라고 불리는 증상 때문에 힘들어하고 있다고 했습니다. 몇 가지 질문을 던진 후, 저는 여자아이가 매일 밤 아빠 무릎 위에 앉아서 함께 10시 뉴스를 본다는 사실을 알아냈습니다. 아이는 아빠에게 달라붙어 있는 걸 좋아했지만 저는 뉴스가 아이를 불안하게 만드는 것은 아닌지 의심이 갔습니다. 저는 아이 아빠에게 텔레비전을 끄고 그 대신 잠자리용 이야기책을 읽어주라고 조언했습니다. 여자아이의 악몽은 곧 사라졌습니다. 이 사례는 공원에서 산책하는 것이나 마찬가지였습니다. 좋은 부모, 정상적인 아이, 그리고 해결 가능한 문제로 이루어져 있었기 때문입니다.

가족치료를 시작한 후 첫 몇 년 동안 저는 엄청나게 압도 당했습니다. 현실의 가족들을 마주하고 있자면 제가 받았던 전문적인 훈련은 모두 아무런 소용도 없는 것처럼 느껴졌습니다. 한마디도 하지 않으려 하는 억울해하는 아내와 술 냄새를 풍기며 상담실에 나타나는 남편을 어떻게 다루어야 하는지 학교에서는 가르쳐주지 않았습니다. 술에 쩐 남편과 부루퉁한 아내와 함께 의사소통에 대해 이야기를 나누려 애쓴 것은 제가 심리치료사로서 겪은 가장 어려운 일이었을 겁니다.

)

가족치료를 할 때 우리는 빗방울 사이로 춤을 춰야 합니다. 모든 가족의 관점을 인정하면서 동시에 다른 가족 구성원과의 충돌을 피해야 하죠. 결혼 문제를 상담해주는 랍비에 관한 오래된 농담이 하나 있습니다. 먼저 그는 아내가 속마음을 털어놓는 것을 듣습니다. "그래요," 그가 말합니다. "당신이 옳습니다." 그런 다음 남편이 자기 입장을 설명합니다. "그래요," 랍비가 말합니다. "당신이 옳습니다." 커플이 입을 모아 랍비에게 소리를 지릅니다. "어떻게 우리 둘 모두에게 동의할 수 있나요. 우리는 서로 관점이 완전히 다르다고요." "그래요,

그래요." 랍비가 동의합니다. "당신들 둘 다 옳습니다."

　가족치료 초기에 해야 할 가장 중요한 작업은 가족의 환경을 이해하는 일입니다. 가족의 자산, 그들 사이의 뜨거운 쟁점 및 잠재적인 위기 요소들을 가늠해야만 합니다. 가족들의 강점, 미덕, 재능, 회복력의 신호에 주목하세요. 가족 안에서 변화를 원하는 이가 누구인지 알아내세요. 십대 아이에게 물어보세요. "만약 부모님과 다시 가까워진다면 부모님이 네 인생의 지금 시기에 대해 어떤 점을 이해해주면 좋겠니?" 가족 구성원들에게 가족이 안고 있는 문제가 해결되는 것을 어떻게 알 수 있겠느냐고 물어보세요. 이를테면 이렇게 말입니다. "만약 마술지팡이가 생긴다면 가족 안에 어떤 변화를 일으키고 싶나요?" 사람들의 욕구는 놀라울 정도로 단순합니다. 부모는 사춘기 자녀가 자신들과 저녁을 함께 먹기를 원합니다. 아들은 아빠가 자신과 공놀이를 하기를 원합니다. 어떤 남성은 아내가 자신이 퇴근해서 집에 돌아올 때 키스해주기를 원합니다.

　가족들에게 발달과 관련된 문제에 대해 가르쳐주세요. 많은 경우 당신이 부모에게 해줄 수 있는 가장 치유적인 말은 "이 나이의 아이에게는 정상적인 일입니다"입니다. 가족들이 합리적인 기대를 품도록 도와주세요. 발달 수준에 대해서뿐만 아니라 가족들이 실제로 얼마나 잘하고 있는지에 대해서도 말입니다. 이렇게 말하세요. "모든 가족은 누가 설거지를 하느냐를 두고 말다툼을 벌입니다", "아이들은 모두 휴가 때 특별 대우를 간청하죠. 천성적으로 그렇습니다."

유연함을 발휘하세요. 제안을 할 때면 '실험', '일시적인', '~인 척하다'와 같은 단어들을 사용하세요. 사람들이 변화에 지나치게 겁먹지 않게 막을 수 있습니다. 힘에 벅차다면 조력자를 찾으세요. 특히 십대 아이들과 상담이 잘 풀리지 않는 경우에는 아이의 조부모를 초대하면 좋습니다. 사춘기 아이들은 부모에게는 길길이 날뛸지 모르지만 할머니와 할아버지는 사랑하고 존경합니다. 상담실에 있는 모든 사람들은 십대 아이가 자신이 보살핌을 받고 있고 어딘가에 소속되어 있다고 느끼게 도와줄 것입니다.

건강한 가정에서는 가족들이 서로 돌아가며 곤란에 처한 사람, 강한 사람, 농담을 잘하는 사람의 역할을 맡습니다. 하지만 문제가 있는 가정에서는 이런 역할들이 고정되어 있습니다. 그런 경우 사람들은 대본 안에 갇힌 듯한 느낌을 받습니다. 자신이 의식적으로 선택한 대본이 아닙니다. 이렇게 되면 성격이 완전하게 발달할 수 없습니다. 환자로 낙인찍힌 이가 곤경에서 벗어나도록 도와주세요. 아픈 사람의 역할을 떠맡는 것이 그 누구의 영구적인 임무가 되어서는 안 됩니다. 한편으로, 완벽주의인 구성원에게는 이따금 사고를 칠 수 있도록 허용해주세요.

또한 가족 안에서 새로운 그룹을 만들어보라고 권유하세요. 만약 아빠가 비행청소년인 아들과 무엇도 함께 하고 있지 않다면, 그들이 협력할 수 있는 프로젝트를 제시해보세요. 만약 부모가 아이를 집에만 두고 가는 게 두려워서 집 밖으로 거의 나가지 않는다면, 아이를 일주일 동안 조부모 댁에 보내는 건 어떠냐고 물어보세요. 때때로 사람들을 재배치하는 것만으로도 새로운 에너지가 솟아납니다. 내담자들에게 서로 의자를 바꿔 앉고 다른 가족 구성원의 역할을 맡아 서로에게 이야기를 해보라고 권해보세요. 이 간단한 기법은 공감능력을 강화시켜줍니다. 서로를 외계인으로 여길 때가 많은 사춘기 아이들과 그들의 부모에게 이 방법은 특히 효과가 좋습니다.

）

너무 끔찍한 나머지 농담을 갖다 붙일 수조차 없는 문제란 사실 없습니다. 저는 유머감각이 매우 뛰어난 심리치료사를 알고 있습니다. 한번은 십대 아이가 밝은 오렌지색과 보라색의 요란한 바지를 입고 상담실에 나타나자 그가 물었습니다. "'사이코'의 정의를 알고 있습니까?" 가족 모두 당황스러운 표정을 짓자 그가 아이의 바지를 가리켰습니다. "바로 저런 겁니다."

저는 영재 프로그램 등록 시험을 보던 아이가 "IQ를 철자로 어떻게 써야 하죠?"라고 진지하게 묻자 아이의 부모와 낄낄거린 적이 있습니다. 저는 저 자신의 실패 경험들에 대해 농담을 하기도 합니다. 제 아들이 열두 살이었을 때 저는 아들에게 섹스에 대해 알고 싶은 게 있으면 무엇이든 물어보라고 젠체하며 말했습니다. 언제나 똑바로 정직하게 답해주겠다고 하면서요. 아이가 곧바로 물었습니다. "아빠와 어젯밤에 섹스 했어요?" 저는 고래고래 소리를 질렀습니다. "그런 건 묻는 게 아냐!"

비밀을 쫓아내세요. 가족의 비밀에는 세 가지 유형이 있습니다. 첫 번째는 가족들이 세상에게 숨기는 비밀입니다. 두 번째는 가족들이 서로 숨기는 비밀입니다. 세 번째는 가족들이 자기 자신에게 숨기는 비밀입니다. 가족들이 자신들보다 심리치료사에게 더 정직할 수는 없습니다. 만약 이들이 아빠의 성적 학대나 엄마의 음주 문제를 부인한다면, 우리는 이런 문제들에 대해 매우 오랫동안 알지 못할 수 있습니다.

비밀은 수치심에 관한 문제입니다. 시인 에이드리엔 리치는 이렇게 썼습니다. "말하지 않은 것은 말할 수 없는 것이 된다." 또한 비밀은 권력에 관한 문제이기도 합니다. 비밀은 내집단과 외집단을 규정합니다. 대개, 가족 구성원들은 비밀을 보호막이라고 합리화합니다. "우리는 아버지가 속상하기를 원하지 않아요." 하지만 비밀은 사람을 고립시키고 파괴적인 행동을 하게 만듭니다. 비밀은 신뢰를 부식시킵니다.

부모의 권위를 지지하세요. 지난 세기까지만 하더라도 우리 문화는 많은 규칙과 요구가 존재하는 상당히 권위적인 문화였습니다. 건강한 가정은 이 엄격함을 가정의 온화함, 재미에 대한 추구, 상대적인 관대함으로 균형을 맞췄습니다. 하지만 지난 몇십 년 사이에 어른의 권위는 무너졌습니다. 그리고 이는 아이들과 그들의 부모들에게 끔찍한 문제들을 야기했습니다. 저는 이런 신호를 매일같이 목격합니다. 바로 어제의 일이었습니다. 간단한 소풍을 나온 듯한 가족이었는데, 이제 아장아장 걷기 시작하는 아이가 엄마의 친구에게 무례하게 행동하는 걸 봤습니다. 엄마가 아이에게 말했습니다. "티나 아줌마에게 사과하렴. 무례한 행동이야." 하지만 아이가 말을 꺼내기도 전에 티나가 큰 소리로 "괜찮아"라고 말하며 아이를 안아주었습니다. 이제, 그 남자아이는 무례함이 문제가 되지 않는다고 배웠습니다.

갈등 해결 기술, 체면 세우기 기법, 탈출 전략들을 가르치세요. 가족 안의 모두에게 가장 유용한 표현은 "미안해요"입니다. 사람들이 미안하다고 말하는 법을 배운다면 엄청나게 많은 분노와 슬픔이 사라질 것입니다. 남성과 여성은 "미안해"라는 표현에 대해 서로 다른 의미를 담는 경향이 있다는 사실을 잊지 마세요. 여성은 더 쉽게 사과를 합니다. 이들은 사과를 "당신의 마음을 상하게 하거나 당신에게 고통을 안겨서 미안해요"라고 말하는 것으로 여깁니다. 남성은 사과하는 것을 더 힘들어합니다. 이들은 사과하는 것을 "나는 굴욕을 참고 있다"라고 말하는 것으로 여기기 때문입니다.

가족이 서로의 긍정적인 변화를 알아차리도록 도와주세

요. 가족 안에서는 영웅답게 행동하고서도 아무에게도 인정받지 못하는 경우가 많습니다. 부모가 아이가 착하게 행동하는 것을 적극적으로 관찰하도록 유도하세요. 배우자가 베푸는 숨겨진 선행들을 눈여겨보도록 도와주세요. 한번은 입양한 자녀들로 인해 문제를 겪는 커플을 만난 적이 있습니다. 이들은 공부나 방청소 같은 임무들에 지나치게 집중하느라 정작 아이들에게는 신경을 쓰지 못하고 있었습니다. 이들은 다정한 사람들이었지만 삶을 의무의 측면에서만 바라보고 있었습니다. 상담이 끝나고 난 후 저는 아이들의 아빠가 아이스크림을 먹으러 가자고 제안하는 것을 들었습니다. 저는 대기실에 있던 그들을 다시 불러서 아이들의 아빠가 재미를 추구하려 노력하는 것에 대해 축하를 했습니다. 그는 제 칭찬을 듣고 나서는 갑자기 목이 메더니 눈물을 글썽였습니다. 정말 놀라운 일이었습니다.

순간순간을 축하하세요. 삶의 모든 순간은 평범함과 심오함이 소금과 후추처럼 뒤섞여 있습니다. 심오한 순간을 포착해 가족들에게 보여주세요. 아이의 아버지에게 이렇게 말하세요. "아들을 보는 표정을 보니 당신이 아이의 행복을 얼마나 신경 쓰고 있는지 알 수 있겠어요." 상담 시간의 대부분은, 삶의 대부분이 그러하듯이, 어쩌고저쩌고 하며 이런저런 이야기가 계속되다가 통찰의 순간이 번쩍 찾아옵니다. 혹은 안타깝게도, 어쩌고저쩌고 하다가 비참한 순간이 찾아옵니다. 얼마나 빠르게 상황이 심각하게 잘못되는지 혹은 얼마나 빠르게 상황이 믿을 수 없이 올바르게 해결되는지를 보면 정말 놀라울 따름입니다. 한 동료가 어느 가족과 상담한 이야기를 들려줬습니다. 딸은 분노에 차서 자신이 스스로의 삶을 얼마나 엉망진창으로 만들었는지에 대해 퍼부었습니다. 그런 다음 갑자기 평정을 되찾았습니다. 잠시 침묵이 흐르고 난 후 그녀의 어머니가 말했습니다. "'스스로를 궁지에 몰아넣다'라는 표현에 대해 생각하고 있었습니다." 딸이 충격을 받은 표정으로 말했습니다. "저도 바로 그 생각을 하고 있었어요." 심리치료사는 어머니의 넓은 이해심을 칭찬한 후 말했습니다. "두 분이서 이 문제에 대해 더 이야기할 수 있도록 자리를 피해드릴게요."

반짝이는 순간이 찾아올 수 있도록 상담실의 분위기를 부드럽게 만드세요. 부부는 누가 설거지를 하느냐의 문제에 합의했기 때문에 함께 사는 것이 아닙니다. 세부 사항에 발이 묶여서 애초에 그들을 이어주었던 마법을 추적하는 걸 놓치지 마세요. 커플에게 어떻게 사랑에 빠졌는지 물어보세요. 항상 그렇지는 않지만, 대개의 경우, 사람들은 꿈꾸는 듯한 눈을 하고선 부드러운 목소리로 아름다운 이야기를 들려줍니다. 십대 아이와 부모에게서 마법을 발견하려면 출생의 순간에 대해 물어보세요. 그렇게 하면 그들은 최초의 유대 경험과 자신들의 긴 역사에 대해 다시 떠올리게 됩니다.

침착한 분위기를 유지하세요. 침착하기가 힘들더라도 침착하게 행동하도록 요령을 익히세요. 불안, 분노, 절망은 전염됩니다. 감정을 조절하는 걸 직접 보여주세요. 가족들은 격렬

한 감정을 처리하는 법을 배워야 합니다. 희망을 전달하는 역할을 해야 합니다. 가족치료는 격하고, 두렵고, 시끄러울 수 있습니다. 모든 인간은 놀라울 정도로 복잡하고 가족 안에서 이런 복잡성은 증폭됩니다. 하지만 대개 희망은 상황을 더 나아지게 만들어줍니다.

사람들이 어떻게 말하든 간에, 가족은 인간에게 가장 큰 기쁨의 원천이자 가장 큰 슬픔의 원천입니다. 그리스인 조르바는 가족을 "재앙 그 자체"라고 불렀습니다. 저 또한 저 자신의 가족을 생각하면 절로 겸손해집니다. 부모의 역할 안에서 저는 온힘을 다해 최선을 다하지만 다른 어떤 일을 할 때보다 저 자신이 무능하다고 느껴집니다. 게다가 우리 아이들은 우리가 완벽하지 않다고 생각합니다. 한번은 아들이 짐과 나 사이에 자신이 서 있는 모습을 그린 적이 있습니다. 그림에서 아들은 매우 자그마했고 우리는 커다랬습니다. 아들은 그림에 이렇게 적었습니다. "엄마는 심리학자이다. 아빠도 심리학자이다. 나는 그저 죄 없는 작은 소년일 뿐이다." 한번은 직장에서 긴 하루를 보낸 후 편두통에 시달리며 집에 돌아온 적이 있습니다. 아들은 계속 제게 말을 붙이려고 했지만 저는 짜증 섞인 표정으로 혼자만의 시간이 필요하다는 신호를 보냈습니다. 결국 아들이 제게 그동안 모은 용돈을 내밀며 물었습니다. "돈을 지불하면 엄마랑 이야기를 나눌 수 있나요?"

제 아이들이 십대였을 때 저는 마약에 중독됐거나, 자녀를 학대하거나, 외도를 하는 부모들을 많이 상담했습니다. 하지만 그들의 아이들은 제 아이들보다 더 공손하고 더 행동이 발랐습니다. 어떤 때는 제가 저보다 더 나은 부모들을 '돕고' 있는 걸 깨달았습니다. 그들이 제 가족을 위해 해주는 조언들을 받아 적고 싶다는 마음이 들었습니다.

로라, 당신은 부모가 아니기 때문에 가족치료를 할 때 어떤 조언을 해야 할지 확신이 들지 않을 때가 있을 수 있습니다. 일반적으로 가장 좋은 전략은 그런 불확실성을 내담자와 솔직하게 공유하는 것입니다. 놀랍게도, 가족들은 그러한 말에 마음을 무장해제하고 당신을 안심시키려 노력할 것입니다.

휴, 정말 긴 편지가 됐네요. 모든 가족은 저마다 독특하고, 복잡하고, 겉으로 보이는 모습과는 완전히 다를 수 있습니다. 그들은 암호를 이용해 이야기합니다. 때때로 수십 년간 누적되어온 문제들도 있습니다. 잠시 당신은 자신이 그들보다 수적으로 열세이고 그들보다 한 수 아래라는 느낌이 들 것입니다. 그들에게 당신이 제공할 수 있는 것을 제공하고 그들이 스스로 치유의 작업을 하도록 내비려두세요. 가족이란 존재는 심리치료사 없이 수천 년을 생존해왔으니까요.

가족 안에서 서로를
진짜로 알아보기

※

7월 7일

지난주에 농산물 직판장에서 우연히 만나서 정말 즐거웠습니다. 칠레 음악이 마음에 들었나요? 실을 꼬아 만든 융단은 샀나요? 신선한 체리나 살구는요? 농산물 직판장에는 살 게 너무 많습니다. 모두 품질이 좋죠.

당신이 지난주에 상담한 가족에 대해 조금 더 이야기할 시간이 있었으면 좋았을 텐데 아쉬웠습니다. 잠에서 깨자마자 당신이 한 말이 생각났습니다. "그들은 죄다 잘못된 선택들만 하고 있어요." 몇 년 전에, 저도 비슷한 사례를 맡은 적이 있습니다. 저스틴과 애니는 변두리에 있는 술집에서 체포된 후 법원의 명령으로 심리치료를 받으러 왔습니다. 그들은 술집에서 파티를 하는 동안 밖에 세워둔 픽업트럭에 이제 막 걸음마를 시작한 아기와 세 살짜리 아이를 방치했습니다. '파티를 하다'는 제가 제일 싫어하는 표현입니다. 이 표현은 여러 어리석은 짓들을 감추고 그로 인한 결과들을 얼버무리죠. 제 할머니 글레시의 말을 인용하자면, "똥 무더기를 보라색으로 칠하는" 표현입니다. 어쨌든 누군가가 아이들이 픽업트럭의 뒷좌석에서 잠을 자고 있는 것을 목격했고 경찰에 신고했습니다. 애니와 저스틴은 아동 방치로 기소됐고 아이들은 임시 위탁 보호를 받게 됐습니다. 그리고 이 커플은 알코올의존증 테스트와 상담을 위해 제게 보내졌습니다.

꿈

저스틴은 록밴드 에어로스미스가 프린트된 다 찢어진 티셔츠와 블랙진에 목이 긴 가죽부츠를 신은 채 구부정하게 앉아 있었습니다. 애니는 삐죽삐죽한 붉은 토마토 색 머리에 코걸이를 하고 등과 어깨가 완전히 드러나는 윗옷에 청바지를 입고 있었습니다. 비쩍 마르지 않았으면 섹시해 보였을 옷이었습니다. 그녀가 제게 건넨 첫마디는 "제 엄마랑 닮았네요"였습니다.

저는 이 커플에게 큰 호감을 느끼는 스스로에게 깜짝 놀랐습니다. 저스틴은 수줍음을 많이 탔는데, 다정했고 상대를 즐겁게 해주려고 애썼습니다. 저스틴은 아이들을 빼앗긴 그날 밤 이후로 한 모금의 술도 마시지 않았습니다. 그는 친구들과 어울리는 정도로만 술을 마시지 알코올의존증은 아니라고 맹세했습니다. 하지만 이내 인정했습니다. "이제 그런 건 중요하지 않죠. 저는 아이들을 데려오고 싶습니다."

애니는 자신이 술의 쓴맛을 엄청 싫어하고 그날 밤엔 마르가리타만 한 모금 마셨다고 주장했습니다. 애니는 그날 밤 30분마다 아이들을 확인했다고 힘없이 항변했습니다. 애니와 저스틴은 베이비시터를 고용할 돈이 없었고 둘이서만 외출을 한 적이 거의 없었습니다. 이들은 이번 한 번만은 저스틴의 생일을 축하하기 위해 그렇게 해도 괜찮겠다고 생각했습니다. 하지만 애니는 목이 멘 채 말했습니다. "우리 아기들 없이는 잠을 잘 수가 없어요."

저스틴은 비료 탱크를 제조하는 공장에서, 애니는 편의점 계산대에서 일했습니다. 저스틴과 애니는 근무 시간이 서로 달랐기 때문에 아이들을 어린이집에 보내지 않고 그 돈을 저축할 수 있었습니다. 하지만 이는 이들이 항상 진이 빠져 있고 함께 있을 수 있는 시간이 거의 없다는 의미이기도 했습니다. 아기는 미숙아로 태어났고 이들이 병원에 내야 할 돈은 3천 달러가 넘게 남아 있었습니다. 그렇지만 저스틴은 4륜 산악 오토바이와 사냥용 장총을 구입했고 애니에게는 가죽부츠와 고급 청바지를 사줬습니다. 이들은 위성방송과 입체음향 TV를 사용할 돈은 있었지만 아기의 이유식을 살 돈은 없었습니다.

저스틴과 애니에게는 광고업자가 교사나 마찬가지였습니다. 이들에게 행복은 제대로 된 물건을 소유하는 것을 의미했습니다. 대형 스크린 TV, 스마트폰, DVD, 홈쇼핑에서 파는 장신구. 이들은 유명 브랜드의 설탕, 커피, 담배, 술을 소비해야 한다고 교육받았습니다. 현란한 카지노는 이들에게 어서 들어오라고 손짓했고 신용카드 회사들은 이들이 환락의 길을 걸어가 파산에 이르게 만들었습니다.

운이 좋은 아이들은 선택의 지뢰밭을 잘 헤쳐 나갈 수 있도록 도와주는 부모를 만납니다. 하지만 저스틴의 아버지는 알코올의존자에 감옥을 밥 먹듯이 들락거렸고 저스틴의 어머니는 저스틴을 여러 위탁가정에 연달아 버렸습니다. 저스틴은 학창 시절에 매일 텅 빈 도시락 통을 들고 학교에 갔고 점심시간마다 혼자 빠져나와 점심을 먹는 척했다고 말했습니다. 오후가 되면 다른 아이들에게 꼬르륵거리는 소리가 들릴까 봐 걱정했습니다. 애니는 아버지와 어머니가 둘 다 투 잡을 하고 있다는 사실조차 몰랐습니다. 둘 중 아무도 가족 외식이나 가족 여행을 경험해보지 못했습니다. 저스틴과 애니는 자신의 아이들을 사랑했습니다. 하지만 이들부터가 세상이 어떻게 움직이는지 아직 알지 못하는 어린아이들이었습니다.

첫 번째 상담이 끝날 즈음, 이들에게 다시 상담을 받으러 오겠느냐고 물었습니다. 두 사람은 침통한 표정으로 고개를 끄덕였습니다. 저는 부모 훈련 프로그램을 하는 곳의 전화번호를 알려주고 난 후 말했습니다. "다음번에는 은행계좌의 입출금 내역서를 가져오세요. 함께 예산을 짜보도록 하죠. 밀린

공과금을 처리하려면 물건을 몇 가지 팔아야 할지도 몰라요." 저스틴은 예산 이야기를 듣자 약간 우울한 표정을 지었지만 곧 예의 바르게 말했습니다. "선생님이 결정하시는 대로 따를게요."

놀랍게도, 저스틴과 애니는 봉사단체나 학부모교사연합회에 한 번도 나간 적이 없었지만 아이들을 되찾았고 재정 상태를 안정시켰습니다. 이들은 신용카드부터 잘라버렸습니다. 올바른 방향으로 가는 첫걸음이죠. 저스틴은 비디오 게임을 하는 대신 큰 아들과 공놀이를 했습니다. 애니는 타임아웃 규칙을 이용해 아이들을 훈육하기 시작했습니다. 부부는 심지어 식사 시간에 TV도 껐습니다.

최근에 거리 댄스 공연에서 이들이 아이들과 함께 있는 것을 우연히 봤습니다. 애니는 크랜베리 색으로 물들인 머리에 팔에 헤나 문신을 하고 있었습니다. 이들은 탄산음료를 마시고 있었고 아이들은 동물 풍선을 손에 들고 깔깔거리고 있었습니다.

이 가족은 저소득층 가정이었지만 제 경험상으로 보면 무분별한 소비는 온갖 물건이 넘쳐나는 부유한 가정에서 더 많이 나타납니다. 물건들을 일부 버리고서 서로 진솔하게 대화를 나누지 않는다면, 가족들은 아무도 서로를 진짜로 알기 힘들 것입니다.

거의 모든 가정은 시간과 돈의 관계를 정리할 필요가 있습니다. 둘 모두를 가질 수 있는 사람은 거의 없습니다. 좋은 방법은 가족들에게 그들이 생각하는 부유함의 정의가 무엇인지를 물어보는 것입니다. 저에게 부유함이란 성인이 된 우리 아이들을 1년에 몇 번이나 볼 수 있는가의 문제입니다. 당신의 내담자들에게는 가족끼리 저녁식사를 하는 날이 얼마나 되는지일 수도 있고 하루에 몇 번이나 가족과 함께 웃으면서 즐거운 시간을 보내는지의 문제일 수도 있습니다.

특히 지난 10년 동안, 저의 주요 업무는 사람들의 스케줄을 관리하는 일이었습니다. 저는 부모들이 저녁식사 시간이나 가족모임 시간을 확보하도록 도왔습니다. 또한 할 수 있는 활동에 한계를 정하라고 권유했습니다. 돈과 마찬가지로 시간 또한 가치와 우선순위에 맞추어 알맞게 할당해야 합니다.

슈테판 레흐차펜의 『타임시프팅Timeshifting』이라는 책이 도움이 될 것입니다. 이 책에서 그는 자동차 범퍼에 붙은 광고 스티커를 본 이야기를 합니다. 스티커에는 "좋은 시간을 보내고 있군요. 저도 같이 있었으면 좋았을 텐데"라고 적혀 있었습니다. 그는 미국인들이 항상 미래에 살고 있다고 지적합니다. 그리고 심지어 속도를 늦추고 휴식을 취할 수 있을 때조차도 빠른 속도에서 빠져나오지 않을 때가 많다고 주장합니다. 그는 현재는 소중하며 바로 지금 이 순간에 산다면 스트레스가 없을 것이라고 말합니다. 물론 항상 이렇게 할 수는 없습니다. 그렇지만 가끔은 조금 더 느긋한 속도로 시간 기어를 변속할 수 있습니다.

가족 의례는 가족 간의 유대를 강화시킵니다. 제가 좋아하는 의례 중 하나는 저녁식사 시간에 그날 있었던 최고의 일과 최악의 일에 대해 이야기하는 것입니다. 작별의 포옹과 환대의 포옹 나누기, 함께 음악 감상하기, 보드게임 하기, 잠자리에서 대화 나누기 등은 가족들 주위로 보호벽을 쌓아줍니다. 매일 저녁식사를 마친 후 동네를 산책하는 가족을 알고 있습니다. 이들은 산책을 하며 이웃들을 살피고 동물들과 식물들의 변화를 관찰합니다. 사람들이 자신의 유년기로부터 가장 즐겁게 기억하는 세 가지는 가족식사, 야외활동, 가족여행입니다. 그러니, 로라, 당신이 상담하는 가족들에게 함께 밥을 먹고, 함께 여행을 떠나고, 자연에서 함께 시간을 보내라고 권유하기 바랍니다.

좋은 부모는 광고에 맞서 해독제 역할을 합니다. 이들은 이렇게 가르칩니다. "네가 우주의 중심인 것은 아니야." 그리고 '충분하다'의 의미를 가르칩니다. 부모는 아이에게 매일 쏟아지는 복잡한 정보로부터 아이가 의미를 구축하도록 돕는 사람입니다. 특히 어린아이들에게는 흡수해야 하는 정보를 상대적으로 단순하게 유지시켜줘야 합니다. 제 조카는 엄마가 한 번에 지나치게 많은 것을 설명할 때마다 "TMI야 엄마"라고 말합니다. 'TMI'는 '지나치게 많은 정보too much information'를 뜻합니다.

플라톤은 교육은 아이들에게 올바른 것들에서 즐거움을 찾도록 가르치는 일이라고 했습니다. 우리는 온갖 잘못된 것들을 좋아하도록 가르치는 문화 속에서 살고 있습니다. 만약 우리가 매우 의식적으로 좀 더 열린 문화를 접하지 않는다면, 결국 건강을 해치고, 스트레스에 시달리고, 나쁜 것에 중독되고, 빈털터리가 되고 말 것입니다. 로라, 내담자들이 올바른 것들에서 즐거움을 찾도록 돕기 바랍니다. 일단, 농산물 직판장에 한번 가보라고 추천하는 건 어떨까요?

감정의 날씨

✳

8월 17일

오코보지 호수에서 즐거운 시간을 보내고 있기를 바랍니다. 짐과 저도 아이들이 어렸을 때 그곳에서 휴가를 보낸 적이 있습니다. 아이들에게는 해변만 한 곳이 없답니다. 물론 대학원생들도 해변에서 아이들만큼이나 잘 놀죠.

그나저나 당신은 네브래스카주의 믿을 수 없는 하루를 놓쳐버렸군요. 바로 어제 말입니다. 어제 아침은 새파란 하늘에 바람 한 점 불지 않았습니다. 하지만 정오가 되자 섭씨 32도에 하늘은 잿빛으로 변했고 바람이 심하게 불었습니다. 작가 헨리 제임스는 영어에서 가장 아름다운 구절은 '여름 오후 summer afternoon'라고 말했습니다. 꽃향기가 가득한 온화한 날씨에 감화를 받은 게 분명합니다. 그는 네브래스카주를 한 번도 방문한 적이 없죠. 어제 이곳은 늦은 오후에 먹구름이 밀려들었습니다. 하늘은 푸르데데해졌고 토네이도가 마을의 남쪽에

형성됐습니다. 온도는 두 시간 만에 섭씨 5도로 떨어졌고 완두콩 크기의 우박이 집 앞 잔디밭에 우수수 떨어졌습니다. 하지만 해질녘이 되자 하늘은 다시 맑아졌고 해가 지고 나자 우박덩어리가 흩어져 있는 마당 위로 보름달이 떴습니다. 직접 경험하고서도 이 모든 날씨가 하루 한 날의 날씨라는 게 믿겨지지 않더군요.

네브래스카주의 날씨가 최고 온도 섭씨 영상 43도와 최저 온도 섭씨 영하 34도를 넘나든다면, 캘리포니아주의 로스앤젤레스는 이와 정반대입니다. 로스앤젤레스에서 잠시 산 적이 있는 제 아들은 이렇게 말했습니다. "일기예보를 보면 너무 웃겨요. 항상 약간 화창하다고 말하죠. 온도가 몇 도씩밖에 바뀌지 않아요."

)

지역에 따라 날씨의 범위가 다릅니다. 인간도 마찬가지입니다. 감정의 강도와 기분 변화에 있어서 모두 각기 다르게 태어났죠. 매일 토네이도와 맞먹는 감정에 대처해야 하는 사람들이 있는 반면 평생 시원한 바닷바람만 쐬는 사람들도 있습니다.

감정의 날씨가 가장 극단적인 경우가 양극성장애입니다. 이 병을 앓는 사람들은 매일 높게 상승한 상태와 깊게 가라앉은 상태를 왔다 갔다 합니다. 이보다 약간 덜 극단적인 감정

날씨는 아마 제 내담자인 매기를 괴롭히는 날씨일 것입니다. 매기는 상담 시간마다 웃고 웁니다. 그녀는 어떤 것이 좋으면 너무 좋은 나머지 가슴이 터질 것만 같습니다. 무언가가 재미있으면 옆구리가 아파올 때까지 웃어젖힙니다. 반면 조금이라도 무시당한 기분이 들면 절망에 사로잡혀 흐느낍니다. 그녀는 늘 감정들로 가득한 바다를 표류합니다. 한번은 그녀가 울부짖었습니다. "저는 모든 것에 대해 복잡한 감정을 느껴요." 한번은 제게 이렇게 말한 적도 있습니다. "지난 24시간 동안 얼마나 많은 감정 기복이 절 괴롭혔는지 선생님은 상상도 못 하실 거예요."

이와는 반대로, 제 친구인 레이몬드는 항상 느긋하고 쾌활합니다. 그가 제게 자신의 어머니가 돌아가셨다고 말했을 때 오히려 제가 그보다 더 감정적이었을 정도입니다. 작가 도로시 파커는 레이몬드와 비슷한 남성 캐릭터를 다음과 같이 조소 어리게 묘사한 적이 있습니다. "그의 감정은 A에서 B까지 정도만 왔다 갔다 합니다."

네브래스카주의 날씨와 로스앤젤레스의 날씨는 각각의 장점이 있습니다. 감정을 깊이 느끼고 감정의 기복이 심한 사람들은 창의적이고, 흥미롭고, 인기도 많습니다. 이들은 대개 인정이 많고, 열정적이고, 감정 표현을 잘합니다. 지나치게 나아가지만 않는다면 모두 좋은 점들입니다. 하지만 이들은 다른 사람들의 세심한 관심이 필요하기도 합니다. 이들의 파트너들은 폭풍우같이 종잡을 수 없는 이들의 매력에 피로를 호소할 때가 많습니다. 로스앤젤레스의 날씨를 가진 사람들은 신뢰할 수 있고 바위처럼 흔들림이 없습니다. 하지만 꿈쩍 없는 바위처럼 둔감하기도 합니다. 이들의 관대함은 감정이 풍부한 파트너를 안정시키거나 혹은 꾸벅꾸벅 졸게 만들 수 있습니다.

심리치료를 하면서 우리는 네브래스카주의 날씨를 가진 사람들을 만날 가능성이 더 높습니다. 이들은 온갖 폭풍우로부터 입은 피해를 보수하기 위해 우리를 찾아와 도움을 구합니다. 이들에게는 스트레스 조절 기술과 낙관주의 학습 훈련, 그리고 정서 지능의 발휘가 필요합니다. 이들은 중독 문제를 안고 있을 가능성이 높습니다. 감정의 격변을 통제하고자 하는 마음에서 화학물질의 도움을 구할 때가 많기 때문입니다.

로스앤젤레스의 날씨를 가진 사람들이 상담실을 찾는 건 주위 사람들이 그들이 뭔가를 느끼기를 원해서일 때가 많습니다. 이들에게 우리가 하는 일은 작은 폭풍우 시스템을 만들어주고 그것을 흥미로운 방식으로 묘사하도록 이끄는 것입니다. 우리는 그들이 자신의 감정에 더 관심을 기울이고, 감정 상태에 대한 질문에 늘 "좋아요"라고 뻔한 대답을 하지 않기를 바랍니다.

우리는 이상적인 감정의 날씨에 대해 추측해볼 수도 있

을 것입니다. 하지만 실제의 날씨를 두고도 그렇듯이, 사람들이 선호하는 감정의 날씨는 모두 다릅니다. 어떤 사람들은 화려한 시인을 좋아하고 어떤 사람들은 침착한 엔지니어를 좋아합니다. 저는 콜로라도주 볼더의 날씨를 가진 곳에 살고 싶습니다. 여러 산과 평원 사이에 위치해 있는 볼더는 사계절이 있지만 그 어떤 계절도 그곳에 사는 사람들에게 가혹하지 않습니다. 여름날은 맹렬히 덥지만 밤이면 서늘해집니다. 연중의 모든 날씨는 갖가지 종류의 야외활동에 적합합니다. 저는 볼더의 날씨를 가진 친구들을 몇 명 알고 있습니다. 제가 깊이 고마워하는 친구들이죠. 이들은 흥미롭지만 동시에 안정적입니다. 어쨌든, 오늘 네브래스카주는 산들바람이 불고 온도는 섭씨 21도입니다. 로스앤젤레스 같은 날씨죠. 잠시 동안 이 날씨를 만끽해야겠습니다. 하지만 그런 다음엔 더 흥미진진한 뭔가를 원할 것 같습니다. 이 얘기를 들으니 저는 어떤 타입일 것 같은가요?

수영의 치유적인 효과

※

8월 28일

이제 막 오후 수영을 마치고 돌아온 참입니다. 온도계가 섭씨 38도를 가리키고 있더군요. 이런 날에는 수영만 한 게 또 있을까요? 저는 대개 열 바퀴를 돈 다음 햇볕을 쬐며 15분 동안 책을 읽습니다. 보통 『뉴요커』를 읽지만 요즘은 저널리스트 로버트 카로의 『상원의 마스터Master of the Senate』를 읽고 있습니다. 여름에 읽기 딱 좋은 책이죠. 그런 다음 저는 다시 물속으로 뛰어듭니다. 나른함과 생동감, 뜨거움과 시원함, 태양과 물 사이의 극명한 차이가 생기를 되찾게 해주고 마음을 편안하게 해줍니다.

나이를 먹을수록 점점 더 수영이 좋아집니다. 어릴 적에는 여름마다 비버시티에 있는 염소로 소독한 수영장에서 매일 살다시피 했습니다. 수영장은 오후 1시에 문을 열고 밤 9시에 문을 닫았는데, 저는 여덟 시간 내내 거기서 첨벙거리고, 물에 둥둥 떠다니고, 햇볕에 몸을 태우고, 초코바와 아이스크림으로 허기를 채웠습니다. 1950년대에 네브래스카주의 작은 농촌 마을에 살던 우리에게 수영장이 어떤 의미였는지는 말로 다 설명할 수가 없습니다. 8월이 끝나갈 무렵이면 제 몸은 갈색 코코아 빛이 됐고 온몸이 가려웠습니다. 금발머리는 기름기가 흐르는 녹색이 되어 번들거렸죠.

제 아들은 중학교 시절 외향적인 코미디언 같은 성격이었습니다. "저는 학교가 좋았어요. 학교도 저를 좋아했고요." 아들은 몇 년 후에 이렇게 말했습니다. 하지만 고등학교에 들어가자 하루에 네다섯 시간씩 수영을 하더니 마침내 네브래스카주 선수권 대회에서 우승을 했습니다. 실력이 뛰어난 수영 선수들은 수중 헤드폰을 끼고 음악을 들으면서 수영 연습을 합니다. 하지만 지크는 수영을 할 때 자신의 정신 이외에는 어떤 것도 소지하지 않았습니다. 테스토스테론이 넘쳐나는 사춘기 소년에게 수영이 선사해준 것은 온전히 생각에 집중할 수 있는 하루 네다섯 시간의 소중한 시간이었습니다. 사실 수영장을 계속 돌다 보면 생각 이외에는 달리 할 것이 없습니다. 수영은 아들을 성장시켰습니다. 그 시절 다른 진지한 수영 선수들에게 그러했듯이 말입니다.

수영은 모든 연령대의 사람들에게 도움이 됩니다. 아이들은 물을 만나면 더없는 행복감에 황홀해합니다. 바닷가든, 진흙투성이 작은 개울이든, 집 뒷마당에 놓인 수영 욕조든 아무 상관이 없습니다. YWCA 수영장에 갔을 때 관절염 환자들의 수중 에어로빅 수업을 본 적이 있습니다. 노인들은 조심조심 수영장 안으로 걸어 내려갔습니다. 사다리를 한 발 한 발 내디딜 때마다 움찔거렸고 미지근한 물에 들어가자 몸을 부르르 떨었습니다. 하지만 한 시간 정도 수중 에어로빅을 하고 나자 그들은 수다를 떨고 농담을 하기 시작했습니다. 통증이 한결 누그러졌고 수영장을 떠날 때 그들은 더 수월하게 움직일 수 있었습니다.

수영은 힘들어하는 몸을 이완시키고, 마사지하고, 깨워줍니다. 수영은 불안하고 우울한 사람들, 건강 문제와 만성 통증에 시달리는 사람들을 치료해줍니다. 난민들에 대한 책을 쓰던 때 저는 외상 후 스트레스 장애를 겪는 사람들과 친구가 된 적이 있습니다. 저는 그들에게 수영장 이용권을 선물로 주었습니다. 그들 중 많은 이들은 수영이 자기 평생 최고의 경험이라고 말했습니다. 엔도르핀의 상승과 더불어 감각을 자극하는 동시에 신경을 진정시키는 수영의 효과가 그들이 스스로 치유하도록 도운 것입니다.

저는 스트레스로 인한 허리 통증이 수영을 하면 사라질

것이라고 물리치료사가 권한 후 수영을 다시 시작했습니다. 그녀의 말이 맞았습니다. 이제 저는 수영에 완전히 푹 빠졌습니다. 물방울이 사방에 튀는 순간, 물의 부드러운 어루만짐, 점점 따뜻하게 이완되는 근육들. 저는 이 모두를 사랑합니다. 또한 저는 이 훌륭한 신체 훈련을 하면서 저 스스로에게 수중 심리치료를 실시합니다. 제 식으로 평영과 자유영을 하면서 지난번에 수영을 한 이후에 있었던 중요한 사건들을 되돌아봅니다. 긴장이 높았던 상담을 다시 되짚어보고 까다로운 문제를 해결했던 방식을 다시 점검해봅니다. 또한 행복했던 순간들을 떠올리며 다시 음미하기도 합니다. 곧 있을 힘든 대화들에 대비해 제 대사를 미리 연습하기도 합니다. 물에서 나오면 저는 정신적으로도 신체적으로도 더 건강해져 있습니다. 달리기를 하고 명상을 하고 나서 근사한 마사지를 받은 후에 느껴질 법한 느낌이 듭니다.

물론, 모든 사람이 수영을 좋아하는 것은 아닙니다. 어떤 사람들은 퀼트를 하거나 테니스를 치거나 골프를 칩니다. 당신 또한 당신과 내담자들을 위해 수영과 비슷한 긴장 완화 방식을 찾을 수도 있을 것입니다. 하지만 제 생각에 수영보다 나은 것은 없는 것 같습니다. 수영은 원초적입니다. 인간은 물로 만들어져 있고 오래전 한때 물속에서 살았습니다. 그리고 수영을 하면서 우리는 다시 물로 돌아갑니다.

자기방어가 필요합니다

✳

9월 2일

오늘 아침 공기에는 여름이 끝나가는 느낌이 묻어 있습니다. 새들은 전선 위에 무리지어 앉아 있고 근처 고등학교 고적대의 요란한 음악 소리가 서재 창문을 뚫고 들어옵니다. 과꽃, 해바라기, 상사화가 정원에 활짝 피어 있습니다. 어젯밤 저는 홈스 둑으로 산책을 나갔습니다. 그리고 오랫동안 붉은여우가 황금빛 수풀 사이로 쥐를 따라다니며 괴롭히는 장면을 지켜봤습니다.

"학교에서 가르쳐줬으면 좋았겠다고 생각하시는 게 있나요?"라는 당신의 질문을 곰곰이 생각해보고 있습니다. 5년의 박사학위 과정 동안 저는 뇌 해부학, 과학철학, 조현병, 공동체 프로그램의 이점 등에 관한 강의들을 들었습니다. 또한 가수假睡 상태를 유도하는 방법, 잉크 얼룩 테스트에 대한 응답을 해석하는 방법, 보고서를 쓰는 방법을 배웠습니다. 그렇지만, 만약 조심하지 않는다면, 설령 조심한다고 해도, 다칠 수 있다는 사실은 아무도 경고해주지 않았습니다.

대학원에 다닐 때 딱 한 번 위험에 관한 조언을 들은 적이 있습니다. 비행 청소년에게 구타를 당해 골절상을 입은 사회복지사로부터였습니다. 머리부터 발끝까지 붕대를 칭칭 감은 채 씁쓸한 표정으로 그녀는 제게 충고했습니다. "통제 불능의 청소년은 애써 붙들고 있지 마세요."

)

몇 년 전, 폭력에 관한 워크숍에 참석했습니다. 회의실은 빈자리 하나 없이 꽉 차 있었습니다. 사회자가 회의실에 있는 사람들에게 내담자에게 공격을 당한 적이 있으면 손을 들어보라고 했습니다. 전체 참석자 중 3분의 2가량이 손을 들었습니다. 곧 사회자는 내담자의 공격 때문에 의료 치료를 받아야 했던 적이 있으면 다시 손을 들어보라고 했습니다. 놀랍게도 작고 비교적 안전한 우리 주州에서조차 약 백 명가량의 심리치료사들이 자신의 내담자나 그 가족에게서 심각한 폭력을 당했다는 사실이 밝혀졌습니다.

실제로 심리치료사들은 폭력의 희생자가 될 가능성이 높습니다. 우리는 알코올의존자들, 분노조절장애를 겪는 사람들, 사이코패스, 위기에 처한 사람들, 중증정신질환을 앓는 사람들을 치료하는 일을 합니다. 또한 구치소와 재판장에서 증언을 하고 아동학대와 아동방임을 신고합니다. 만약 십대들이 자살을 하거나 다른 사람을 해치기 직전이라면 그들의 부모에게 즉시 알려야 합니다. 우리는 폭력집단 조직원, 마약중독자, 편집증적 총기 소유자들과 상담을 해야 합니다. 동료들에게 겁을 준다는 이유로 고용주들이 보낸 사람들을 상대해야 합니다. 의사들, 교사들, 가족들, 고용주들은 통제가 불가능한 사람들을 우리에게 보냅니다.

일반적으로 심리치료사들은 자기방어 훈련을 따로 받지 않습니다. 대부분의 상담실에는 경찰이나 경비원이 주재하지 않습니다. 많은 심리치료사들은 혼자 일을 하고 어떤 심리치료사들은 처음 만나는 사람들의 집에 방문을 해야 합니다. 제가 가르친 한 학생은 동부 해안에 있는 도시에 취업을 하게 됐습니다. 그곳에서 그녀는 우범지대에 있는, 누구라도 들어올 수 있는 마약 치료 진료소에서 야간 근무를 했습니다. 살해당하지 않은 게 행운이었습니다.

저는 이제 법원이 심리치료를 명령한 내담자들은 많이 받지 않습니다. 또한 적시에 알아볼 수만 있다면 사이코패스 내담자도 사절합니다. 이는 대부분의 심리치료사는 누릴 수 없는 사치일지도 모릅니다. 하지만 지난 시간 저는 협박 선화와 해치겠다고 위협하는 사람들을 이미 충분히 접할 만큼 접했습니다. 제 집주소와 전화번호가 전화번호부에 등록되지 않은 것에 안도의 한숨을 쉬었던 때도 있었습니다. 언젠가 크리스마스가 생각납니다. 그날 저는 잠시 상담을 했던 스토커가 살해 협박을 한 일을 놓고 고민하고 있었습니다. 순간 제 다섯 살짜리 딸아이가 환하게 불 밝힌 은행 로비에서 친구들과 바이올린으로 캐롤을 연주하는 모습을 봤고 저는 곧바로 울음을 터뜨리고 말았습니다. 딸아이와 친구들은 너무나 무고하고 연약해 보였습니다. 내리는 눈마저 우리의 도시를 어둡고 춥게 만드는 것만 같았습니다.

)

안전하기 위해서는 상담 시간에 하는 말에 신중해야 합니다. 복잡한 문제입니다. 때때로 우리는 윤리적인 의무감 때문에 내담자가 우리를 위험에 빠뜨릴지도 모르는 일을 내담자에게 하라고 말해야 할 때가 있습니다. 우리는 내담자에게 자녀를 성적으로 학대하는 친척으로부터 보호하고 경찰에 신고를 하라고 주장해야 할 수도 있습니다. 그렇지만 대개의 경우, 우리의 주된 임무는 내담자들에게 무엇을 해야 할지를 직접 말해주는 것이 아닙니다. 우리는 선택지를 제시하고, 문제를 명확하게 하고, 사람들이 자기 자신의 미래를 예측하도록 돕습니다. 하지만 상담실 밖에서 내담자가 우리의 말을 어떻게 인용하는지는 통제할 수 없습니다. 많은 내담자들은 가족들에게 심리치료사가 하고 싶은 일을 해야 한다고 말했다고 전합니다. 안타깝게도 스스로 결정을 내릴 용기가 없는 것입니다.

한번은 자신의 배우자에 대해 비통하게 말하는 여성과

상담을 한 적이 있습니다. 상담이 끝날 때쯤 그녀는 이혼을 하겠다고 말했습니다. 저는 그녀에게 잠시 속도를 늦추고 부부상담을 받아보는 건 어떻겠냐고 권했습니다. 하지만 그녀는 집으로 곧장 달려가서 남편에게 제가 즉시 별거를 하라고 조언했다고 말했습니다. 다음 날 그녀의 남편은 제게 전화를 걸어서 온갖 욕을 퍼부은 다음 저를 두들겨 패겠다고 협박했습니다. 다행히 대화를 통해 그를 진정시킬 수 있었습니다.

　　많은 심리치료사들은 겁이 나는 사건들은 동료들과 의논하지 않습니다. 상황을 잘못 처리했다는 비난을 받을까 봐 두렵기 때문입니다. 이는 큰 실수입니다. 위험에 대비해 상담실 전체 차원에서 계획을 세우세요. 상담 시간 동안 뭔가 걱정스러운 일이 벌어지면 서로 어떻게 신호를 보낼지 동료들과 의논하세요. 그리고 자기방어 수업을 들으세요. 집주소와 전화번호는 절대 공개하지 마세요. 상담 시간에 당신의 사생활에 대해 이야기하지 말고 가족사진이나 기념품들을 상담실에 전시하지 마세요. 내담자들을 코너로 몰지 마세요. 비유적인 의미에서든 문자 그대로의 의미에서든 말입니다. 꼼짝할 수 없다고 느끼는 사람들은 갑자기 위험해질 수 있습니다.

　　만약 내담자가 당신을 겁먹게 만든다면 겁이 나는 그 감정을 존중하세요. 상황이 위험하다고 느껴진다면 그 안으로 들어가지 마세요. 만약 이미 안으로 들어섰다면 빠르고 조심스럽게 나오세요. 당신은 항상 위험을 살펴야 할 책임이 있습니다. 당신 자신뿐만 아니라 내담자, 그리고 사례에 관계된 다른 사람들을 위해서도 말입니다. 만약 위험한 일이 발생했다면 모든 사람을 보호할 수 있는 일을 하세요. 상담실에 또 다른 심리치료사를 참관시키거나 변호사와 상담을 하거나 경찰에 신고를 하세요.

로라, 당신에게 겁을 주려고 이 편지를 쓰는 게 아닙니다. 유비무환을 위한 편지입니다. 우리 분야는 위험의 존재 가능성에 대해 자꾸 부인하는 경향이 있습니다. 대부분의 경우, 심리치료사들은 온화하고 사람을 잘 믿는 사람들이라 누군가가 자신을 다치게 할 수 있다는 사실을 믿기 어려워합니다. 그렇지만 예방이 최선의 방책임은 불변의 진리입니다. 저는 붉은 여우에게 괴롭힘 당하는 쥐처럼 온몸을 떨며 많은 밤을 하얗게 지새우는 일이 당신에게 일어나지 않기만을 바랍니다.

심리치료와 글쓰기

※

9월 11일

작년 오늘, 9·11 테러가 전 세계를 경악시켰을 때 제 딸은 케이프타운에 있었습니다. 극심한 공포가 우리를 덮쳤지만 무엇보다 우리는 사라의 안위가 걱정됐습니다. 귀국 비행편이 취소된 상태였고 다른 편으로 온다고 해도 도중에 전쟁이 일어나거나 또 다른 테러 공격이 있을지도 모르는 상황이었습니다. 어떻게 집까지 무사히 올 수 있을지 걱정이었습니다.

우연의 일치로, 저는 그날로부터 정확히 1년이 지난 오늘 남아프리카공화국에 있습니다. 차를 몰고 꽃들이 찬란하게 만개한 대초원을 지나 희망봉에 갔습니다. 테이블산에서 하이킹을 하며 새하얀 '테이블보'처럼 산을 에워싸고 있는 짙은 안개를 온몸으로 느꼈습니다. 그리고 케이프타운에 있는 빈민 흑인 거주구인 랑가 지역을 방문했고 홀로코스트 박물관의 케이프타운 버전이라 할 수 있는 디스트릭트 식스 박물관을 둘러

봤습니다. 넬슨 만델라가 30년 동안 투옥돼 있었던 로벤섬도 방문했습니다.

)

오늘 저는 작년의 9·11 테러와 제 딸에 대해 생각했습니다. 마침내 남아프리카공화국에서 우리 품으로 무사히 돌아왔을 때 사라는 땅에 온전히 발을 붙이지 못하는 느낌이었습니다. 저는 깊은 슬픔을 다스리는 한 가지 방법으로 사라에게 글을 써보라고 권유했습니다. 저는 이렇게 말했습니다. "내게는 글쓰기가 최고의 치유책이란다. 글을 쓰지 않는 사람들은 어떤 방법으로 고통을 이겨내는지 모르겠어."

당신이 최근 제게 글쓰기와 심리상담 중에서 무엇을 더 좋아하느냐고 물었을 때 저는 매우 당황했습니다. 마치 아이들 중 어느 아이를 더 좋아하느냐고 묻는 것 같았어요. 그럼에도 저는 당신의 질문을 곰곰이 생각해보았고 이 두 가지 일이 서로 얼마나 비슷한지를 깨달았습니다. 오랫동안 저는 오전에는 글을 쓰고 오후에는 심리상담을 했습니다. 두 일 모두 작은 방에서 시간을 보내면서 영감이 오기를 기다려야 합니다. 또한 두 일 모두 상당히 알쏭달쏭한 구석이 많습니다. 작가와 심리치료사는 자신만의 의식 절차를 통해 자기 자신을 무아지경 상태에 빠뜨립니다. 가령 저는 책상과 음료를 이용합니다. 글을 쓸 때 저는 책상에 앉아 정원을 내려다보며 커피를 마십니다. 책상에 놓인 갖가지 종류의 펜, 종이, 연필들이 저를 재촉합니다. 심리상담을 할 때는 줄이 쳐진 노란색 메모장과 생수병을 책상 위에 꺼내놓습니다. 두 책상 모두에는 갓 핀 꽃들을 잊지 않고 놓아둡니다.

이 두 가지 일 중 어떤 일을 하는 경우에도 전화가 울리거나 두통이 생기면 집중력이 흩어질 수 있습니다. 하루가 저물 무렵이 되면 허리가 아파오지만 어떤 것도 제대로 끝맺음했는지 확신이 들지 않습니다. 그리고 자동차 경적소리, 가족, 저녁뉴스가 있는 현실세계로 다시 돌아올 때면 약간 어리둥절한 기분이 듭니다.

시인 윌리엄 카를로스 윌리엄스는 이렇게 말했습니다. "눈에 가득 담으세요. 귀에도 가득 담으세요. 그리고 담은 것을 한 방울도 놓치지 마세요." 작가들을 위한 이 조언은 심리치료사들에게도 똑같이 적용될 수 있습니다. 심리치료사들도 자신의 직관, 지성, 온정, 성격 구조 등을 이용해 일을 합니다. 두 가지 일 모두 질문을 제기하고 문제를 찾고 해결하는 매우 엄격한 과정이 필요합니다. 또한 감정의 진실을 찾기 위한 고된 발굴 과정을 필요로 하기도 합니다. 두 가지 일 모두 우리에게 우리가 가지고 있는 전부를 항상 백 퍼센트 사용할 것을 요구합니다.

작가 로즐렌 브라운은 작가들에게 간단명료한 조언을 남겼습니다. "나타나라, 주의를 기울이라, 진실을 말하라, 그러고선 결과에 연연하지 말라." 이는 심리치료사들에게도 도움이 될 만한 규칙들입니다. 작가와 심리치료사 모두 줄타기곡예를 합니다. 우리는 일에 자신의 전부를 쏟아부어야 하고, 그러면서도 성공할지 실패할지에 대해서는 초연해야 합니다. 그러지 않으면 지나치게 열심히 노력하게 됩니다. 심리상담이나 글쓰기를 할 때 지나치게 열심히 노력한다는 것은 잠을 잘 때나 오르가슴을 느낄 때, 다른 사람한테 호감을 얻고자 할 때 지나치게 열심히 노력하는 것과 마찬가지입니다. 아무 효과가 없죠.

)

저는 임상심리학 박사학위를 받기까지 대학교에서 4년, 대학원에서 5년을 공부했습니다. 하지만 글쓰기는 독학으로 공부했습니다. 어떻게 보면 모든 작가와 심리치료사는 어디에서 공부했든지 간에 상관없이 나름의 독학을 해야 합니다. 우리는 실수를 하고 그 실수를 바로잡으면서 배웁니다. 처음부터 잘하는 사람은 아무도 없습니다. 심리치료사와 작가로서 10년을 열심히 일한 후에야 비로소 저는 제가 어떤 일을 하고 있는지 알 것 같다는 느낌이 들었습니다. 그때까지는 좋은 습관들과 작업 과정에 대한 감각만 있었습니다. 하지만 이런 수준의 능력을 확보하고 나서도 저는 계속해서 공부했습니다. 모든 사람은 저마다 고유하고, 똑같은 일이 두 번 일어나는 법은 없으니까요.

시간이 흐르면서, 유능한 작가와 심리치료사들은 자신만의 목소리를 가지게 됩니다. 이 목소리가 그 사람의 내적 지식을 표현한다면 그보다 더 좋을 수는 없겠죠. 진실한 목소리로 하는 작업은 보는 사람들에게 자연스럽고 편안해 보입니다. 하지만 당사자들은 작업을 꿰뚫고 나가는 목소리를 찾기 위해서 고군분투해야 합니다.

　　글쓰기와 심리치료에서 마음에 드는 안내인만큼 중요한 건 없습니다. 빌 모이어스, 메리 올리버, 몰리 이빈스와 함께라면 재활용센터에 구경을 가도 즐겁기만 할 것 같습니다. 하지만 따분하고 아무 매력 없는 사람들과 함께라면 파리 여행을 간다 해도 끔찍하기만 하겠죠. 훌륭한 안내인들은 겸손하고, 유능하고, 친절하고, 차분합니다. 이들은 천진함과 세련미가 조화된 특별한 아우라를 내뿜습니다. 무엇보다, 좋은 안내인들은 신뢰할 수 있고 다른 사람들에게 영감을 줍니다.

　　심리치료와 글쓰기 모두 대상자가 정서적으로 반응하게 만듭니다. 좋은 책을 한 권 읽고 난 독자들은 변합니다.『전쟁과 평화』,『침묵의 봄』,『대지』와 같은 위대한 작품들은 세상을 영원히 바꿔버립니다. 깊이 있는 심리치료를 받고 난 내담자들은 자신이 사는 방식을 자발적으로 재점검하게 됩니다. 완고한 가톨릭 신자인 아버지가 불교를 믿는 아들에게 말합니다. "선한 사람들이 하는 기도는 모두 좋은 기도지." 냉정한 남편이 말합니다. "아마 제가 아내를 있는 그대로 보지 않았을지도 모르겠군요." 알코올의존자가 생각합니다. '술을 매일같이

진탕 퍼마시지 않았다면 더 나은 삶을 살 수 있었을 텐데.'

　두 직업 모두 일정 수준의 말주변을 요구합니다. 하지만 말뿐이기만 하면 오히려 손해가 될 수 있습니다. 지나치게 멋들어진 글은 독자를 산만하게 만듭니다. 믿기 어렵겠지만 한 번은 한 심리치료사가 매우 멋진 최신 치료 기법을 시술하면서 정작 내담자의 이름을 틀리게 부르는 것을 본 적이 있습니다. 물론 그 내담자는 좋은 인상을 받지 못했겠죠.

　작가와 심리치료사는 노출되지 않은 것들을 노출시킵니다. 이런 내부고발자의 역할은 위험하고 극도로 힘듭니다. 우리는 거짓에 커다란 기득권을 가지고 있는 사람들에게 진실을 발설하는 범죄를 저지르는 불순분자입니다. 우리는 학대당한 소녀에게 말합니다. "양아버지로부터 겪은 학대에 대해 말해도 돼." 또한 담배회사에게 말합니다. "우리는 당신들이 아이들을 대상으로 광고를 하고 있다는 사실을 알고 있어요. 그리고 그건 매우 잘못된 일입니다."

　작가와 심리치료사는 두 번 삽니다. 사건을 직접 경험할 때 한 번, 자신의 작업에서 그 사건을 이용할 때 또 한 번. 그리고 작가와 심리치료사는 맞수가 되는 적들과 늘 맞닥뜨립니다. 작가는 이런 적들을 내면의 비평가나 작가의 장애물이라고 부릅니다. 심리치료사에게 이런 적들은 내담자의 저항입니다. 우리는 이런 적들에 맞서고 이겨내는 법을 배워야 비로소 잘해낼 수 있습니다.

　심리치료사와 작가 모두 한계의 끝에서 일하고 있습니다.

윌리엄 포크너는 이렇게 말했습니다. "소설을 쓰는 것은 허리케인의 한복판에서 닭장을 뚝딱 만들어내려고 애쓰는 것과 같다." 서머싯 몸은 또 이렇게 말했습니다. "소설 쓰기에는 세 가지 비법이 있다. 안타까운 점은 그게 뭔지 아무도 모른다는 것이다."

심리치료사로서 우리가 하는 일은 매우 복잡하고 애매모호합니다. 성공은 포착하기 어려운 데다 임시적입니다. 작가들은 쓰고 싶은 것을 쓸 수 있을 만큼 자신이 충분히 똑똑하거나 충분히 숙련되지 않았다는 자의식과 끊임없이 사투를 벌여야 합니다. 심리치료사들 또한 자신이 인간 존재를 바꾸는 것은 태생적으로 불가능하다는 사실을 매순간 깨닫습니다. 두 가지 일 모두 좌절감을 주고, 부담이 크고, 정서적으로 피폐하게 만드는 일입니다. 그렇지만 두 일 모두 최고의 일이기도 합니다. 시인 윌리엄 스태포드가 말했듯이 "견뎌낼 수만 있다면 정말로 재미있는" 일들입니다.

많은 심리치료사들이 자신이 현재 하고 있는 일을 할 수 있는 영광을 얻어서 깊은 감사를 느낀다고 말합니다. 또한 저는 지난 수십 년 동안 자신이 작가여서 후회가 된다고 말하는 사람은 한 명도 만나보지 못했습니다. 두 직업 모두 커다란 보상이 주어집니다. 즉, 삶을 열정적으로 충만하게 살 수 있고 현상의 본질에 근접한 대화를 나눌 수 있습니다. 이런 일을 할 수 있다니 우리는 지독하게도 운이 좋습니다.

로라, 당신이 언젠가 케이프타운을 방문할 수 있기를 바랍니다. 저는 아프고 복잡한 마음을 안고 여기를 떠날 것 같습니다. 랑가의 여성들은 하나밖에 없는 물 펌프에서 맨손으로 빨래를 하고 있습니다. 길모퉁이에는 파리 떼로 뒤덮인 양의 머리가 잔뜩 쌓여 있습니다. 이 슬픈 지역의 가난한 사람들을 위한 고기입니다. 그렇지만 한쪽에서는 자카란다 나무들이 보라색 꽃비를 내리고 있습니다. '어제, 오늘 그리고 내일의 나무'라고 불리는 또 다른 나무에는 흰색, 분홍색, 빨간색의 세 가지 색 꽃들이 활짝 피어 있습니다. 정말이지 시인이나 심리 치료사가 비유로 이용할 만한 장면입니다.

가을

※

Letters to a young therapist

우리에게는
윤리적 의무가 있습니다

❋

9월 20일

    한 무면허 심리치료사가 제 동네를 대혼란에 빠뜨린 이야기를 들려주겠습니다. 이 지나치게 나긋나긋한 사내는 외로운 부자 여성을 발견하고서 하루에 몇 시간씩 심리상담을 했습니다. 매일매일 하루도 빼놓지 않고 말이죠. 상담실에서 그 여성과 단둘이 있으면서 그는 그녀를 유혹하는 데 성공했고 그녀에게서 엄청난 돈을 뜯어냈습니다. 그런 다음 그녀가 파산을 하자 그녀를 무참히 버렸습니다. 그녀는 신경쇠약에 걸렸고 수면제 한 통을 다 먹고 쓰러졌습니다. 그녀의 몰락의 결과와 그녀가 처음 접하는 가난 문제를 해결해야 했던 가족들은 이 무면허 심리치료사를 보건부에 신고했습니다. 하지만 그 남자는 동네에 들어왔을 때와 마찬가지로 바람같이 순식간에 사라졌습니다. 분명 지금도 어딘가에서 다른 내담자들에게서 돈을 뜯어내고 있을 것입니다.

다행히 이 이야기처럼 최악의 경우는 그리 많지 않습니다. 이 사내는 비윤리적일 뿐만 아니라 범죄자였습니다. 대부분의 경우, 윤리적 '곤경'에 처하는 심리치료사들은 세 가지 범주로 나눌 수 있습니다. 첫 번째는 탐욕스러운 조종자 유형의 사람들입니다(다행히 많지 않습니다). 두 번째는 내담자들하고만 유일하게 인간관계를 맺는, 심리치료사로 부적합한 사람들입니다(이들 또한 그리 많지 않습니다). 세 번째는, 고립되거나 에너지가 소진되어서 균형감을 잃어버린 심리치료사들입니다(이들이 가장 큰 그룹입니다). 다행스럽게도, 심리학에는 윤리 강령이 있어서 심리치료사들과 내담자들을 보호해줍니다. 어떤 때는 윤리 강령과 몇 가지 가이드라인만으로도 충분합니다. 히포크라테스의 "의사여, 환자를 해하지 말라"라는 유명한 금언은 많은 상황에 적용될 수 있습니다. 제 어머니가 자녀들에게 작별인사를 할 때 하는 충고인 "서로에게 친절하게 대하렴"과 마찬가지로 말입니다.

하지만 삶에서와 마찬가지로 임상 실습 현장에서는 이런 단순한 가이드라인들로는 해결할 수 없는 문제들이 많이 있습니다. 가령, 저는 내담자에게 진단을 내리고 이를 보험회사나 공공기관과 공유할 때 많은 갈등을 느낍니다. 진단은 상당히 주관적입니다. 하지만 어떤 진단을 뒷받침하는 증거가 매우 확실하다고 해도 저는 어떤 사람에게 꼬리표를 붙이는 일이 불편합니다. 그로 인한 이득이 손실보다 훨씬 더 많지 않는 한 말입니다.

강박장애라는 꼬리표가 붙을 수도 있었던 소년과 상담을 한 적이 있습니다. 올리버는 손을 너무 자주 씻는 나머지 손이 다 부르터 있었고 자신의 물건은 항상 제자리에 놓여 있어야 한다고 주장했습니다. 또한 올리버는 숙제와 머리 모양에 대해 지나치게 많이 걱정했습니다. 물론 강박장애로 진단받으면 학교에서 별도의 관심과 보살핌을 받을 수 있을지도 모릅니다. 그렇지만 저는 이 꼬리표가 다른 사람들이 올리버를 바라보는 관점은 물론이고 올리버 스스로가 자신을 바라보는 관점에 영향을 미칠까 봐 걱정됐습니다. 결국 저는 우리가 꼬리표를 붙이지 않고서도 올리버를 도울 수 있다는 결론을 내렸습니다. 올리버의 부모님과 저는 올리버를 강박적인 사고로부터 주의를 분산시킬 수 있는 방법에 대해 논의했습니다. 또한 필요한 경우에는 올리버의 가족 주치의가 처방전을 써줄 수도 있었습니다. 모두 공식적으로 올리버에게 강박장애라는 진단을 내리지 않고 시도해볼 수 있는 방법들이었습니다.

우리는 꼬리표가 야기할 수 있는 사건들 전부를 예측할 수 없습니다. 진단은 뭔가를 베풀기도 하고 앗아가기도 합니다. 우리를 늪으로 끌고 들어가기도 하고 꺼내주기도 합니다. 진단을 내리기 전에 우리는 자신에게 물어보아야만 합니다. '왜 이런 진단을 내리려고 하는가? 진단을 통해 내담자가 필요한 도움을 얻을 수 있을까? 진단이 내담자에게 해를 입히지

는 않을까?'

)

또 다른 윤리 문제는 '이해'와 '용납' 사이의 차이와 연관
돼 있습니다. 내담자를 얼마 동안 상담하고 나면 왜 그들이 그
렇게 행동하는지 어렵지 않게 이해하게 됩니다. 하지만 이때
'이해'와 '용납'을 혼동하지 않으려고 최선을 다해 노력해야
합니다. 때때로 이 둘 사이의 차이는 지극히 분명합니다. 학대
를 당한 아이는 동물을 학대하거나 방화를 저지를 수 있습니
다. 이해가 가는 행동이지만 분명 끔찍한 행동입니다. 저는 그
아이를 좋아하면서도 아이의 행동은 싫어할 수 있습니다. 어
떤 경우에는 더 어려워집니다. 냉담한 부모 밑에서 자란 한 남
성이 반복적으로 여성들을 유혹하고 그런 다음 잔인하게 버립
니다. 제가 그의 비극적인 가족사에 대해 안다고 해서 그의 애
착 문제가 누군가의 가슴을 무너뜨리는 사실을 다르게 판단해
서는 안 됩니다.

이처럼 '이해'와 '판단'을 확실하게 분리하기 위해서는
특정한 '정신적 수완'이 필요합니다. 인종차별주의자들은 이
곤란한 문제를 잘 보여주는 사례입니다. 제가 지금껏 상담한
내담자들 중 가장 최악의 인종차별주의자는 증오에 가득 찬
학대 가정 출신이었습니다. 저는 이 남성에게 커다란 동정심
을 느꼈습니다. 이 남성은 어떤 면에서는 자신의 부모보다 훨

씬 더 친절했습니다. 그는 아내가 아이들을 데리고 자신을 떠나버릴지도 모른다는 생각에 상담실에서 흐느껴 울었습니다. 하지만 동시에 그는 백인 우월주의 집단의 일원이었고 어떻게든 저는 이 사실을 짚고 넘어가야만 했습니다. 마침내 저는 그에게 백인 우월주의 집단에서 탈퇴하지 않는다면 그와 계속 상담을 이어갈 수 없다고 말했습니다. 저는 그의 이념에 매우 깊은 거부감을 느꼈고 이는 우리의 관계를 손상시켰습니다. 그는 상담비를 지불하지 않고 떠났고 다시는 돌아오지 않았습니다.

또 다른 내담자는 유부남과 불륜을 저지르면서 생긴 스트레스를 해결해주기를 바랐습니다. 그녀의 목표는 이 부자 남성을 설득시켜 그의 아내와 세 아이들을 떠나게 한 뒤에 자신과 결혼하게 만드는 것이었습니다. 저는 내담자가 자기 자신에게 혹은 다른 사람들에게 해를 입힐 것이 분명한 목표를 성취하도록 도울 수는 없다고 그녀에게 말했습니다.

또한 저는 쇼핑으로 슬픔과 분노를 해결하는 여성과 상담을 한 적이 있습니다. 이 여성은 우울증에 시달렸지만 쇼핑에 관해서는 전혀 우울해하지 않았습니다. 쇼핑은 그녀 삶의 유일한 즐거움이었습니다. 저는 이 내담자에게서 봉사활동, 산책, 좋은 책들 등으로 관심을 돌리게 만들어야겠다고 목표를 세웠습니다.

로라, 제가 모범적인 상담 사례를 자랑하기 위해 이런 이야기들을 하는 것이 아닙니다. 사실, 이런 사례들에서 제가 제

대로 대처했는지 확신이 들지도 않습니다. 백인 우월주의자는 저를 찾아왔을 때보다 더 분노에 찬 채로 상담실을 떠났습니다. 유부남을 우려내려던 여성은 결국 그 부자 남성과 결혼하는 데 성공했고 요즘 저는 그들을 거의 매주 영화관, 식료품 가게, 혹은 카페에서 마주칩니다. 정말 어색하기 짝이 없습니다. 쇼핑광인 내담자는 쇼핑을 하러 갈 때 말고는 걸어 다니려 하지 않았고, 윌라 캐더의 작품을 읽는 것보다 복권 사는 것을 더 좋아했습니다.

제가 이런 이야기들을 들려주는 이유는 제가 중시하는 가치들이 제 일에 영향을 미쳤다는 사실을 알려주기 위해서입니다. 수년간, 저의 많은 내담자들은 결국 대학으로 돌아가거나, 클래식 음악을 연주하거나, 봉사활동을 했습니다. 모두 제가 매우 가치 있다고 생각하는 활동들이죠. 일부 이론가들의 주장에도 불구하고, 저는 우리가 가치중립을 표방할 수도 없고 또 가치중립적이 되어서도 안 된다고 생각합니다. 우리에게는 자신이 중시하는 가치에 대해 내담자들에게 솔직하게 표현해야 하는 윤리적 의무가 있습니다.

심리치료사들은 때때로 인간의 사악함에 대해 순진무구합니다. 주립교도소에서 막 석방된 살인자와 데이트를 했던 한 여성 심리치료사를 기억합니다. 그는 얼간이가 분명했고 오직 그녀의 몸과 아파트에만 관심이 있었습니다. 하지만 그녀는 그의 내면에서 선함을 발견할 수 있다고 주장했습니다. 글쎄요, 저는 그녀가 일방적인 판단을 하지 않으려는 태도를 너무 중시하느라 상식을 잃어버린 게 아닌가 하는 생각이 들었습니다.

연민은 오로지 냉철한 머리와 함께할 때에만 유용합니다. 관대하게 굴면서 흐리멍덩하게 판단하면 곤경에 빠질 수 있습니다. 우리의 윤리적 의무들 중 하나는 다른 사람들에게 해를 입힐 가능성이 있는 사람들을 알아내고 잠재적인 희생자들을 보호하는 조치를 취하는 것입니다. 만약 어떤 남성이 여자친구를 공격할 수 있다는 의심이 들면 우리는 그녀에게 경고를 해야 할 의무가 있습니다. 만약 어떤 청소년이 헤로인을 투여하고 있다는 사실을 알게 되면 우리는 아이의 부모에게 알려야 하고 치료방법을 찾아줘야 합니다.

마지막으로, 우리는 우리가 모든 것을 알지는 못한다는 사실을 알아야 하는 윤리적 의무가 있습니다. 모든 사람의 마음은 미스터리이지만 어떤 미스터리는 다른 것들에 비해 더 헤아리기 힘듭니다. 백인 중산층이 흑인, 장애인, 난민, 혹은 빈곤계층의 문제를 제대로 이해하기란 힘들 수 있습니다. 우리가 내담자들이 겪고 있는 환경에 대해 알려고 진정으로 노력하지 않는다면 우리의 조언은 공허한 메아리에 불과할 가능성이 높습니다.

나이가 많은 내담자들은 저를 겸손하게 만듭니다. 저는

80세가 되기까지 아직 멀었고 그때가 되면 어떤 느낌일지 솔직히 상상하기도 힘듭니다. 이미 수많은 삶의 경험을 한 누군가에게 조언을 하는 일은 주제넘게 보일 수도 있습니다. 배우자, 형제자매, 친구, 가정을 잃는 일에 어떻게 대처해야 하는지 제가 어떻게 정확히 알 수 있겠습니까? 그렇지만 저는 많은 노인 내담자들을 만났고 당신도 그렇게 될 것입니다. 그리고 놀랍게도 때때로 우리는 실제로 그들에게 도움이 됩니다.

빨리 한몫 잡을 생각만 하는 사람, 사기꾼, 매우 잘못된 정보를 알고 있는 사람이 아니라면, 아무도 부자가 되기 위해서 심리치료사가 되지는 않습니다. 그렇지만 어떤 면에서 심리치료사들은 충분한 돈을 법니다. 저는 우리가 이보다 더 많은 돈을 벌지 않는다는 점이 마음에 듭니다. 만약 그렇다면 물을 흐리는 미꾸라지 같은 사람들이 더 많이 우리 분야에 관심을 보일 테니까요. 이 일을 하는 거의 모든 사람들은 다른 사람들을 돕고 싶기 때문에 이 일을 합니다. 우리는 사람들을 좋아하고 그들 또한 그 보답으로 우리를 좋아해줍니다.

모두에게 새로운 이야기가
필요합니다

※

9월 21일

1944년 오늘, 제 부모님은 캘리포니아주의 밀 밸리에 있는 삼나무 숲에서 결혼식을 올렸습니다. 부모님은 군복을 입고 계셨습니다. 햇살이 눈부신 날이었고 결혼식이 끝난 후 부모님은 친구들과 함께 샌프란시스코의 기어리가街에 있는 아르메니아 레스토랑으로 갔습니다. 부모님은 그 아름다운 도시에서 처음 만났습니다. 제 어머니인 애비스는 장교였고 제 아버지인 프랭크는 장교의 군화를 닦는 것이 임무인 2등 수병이었습니다. 두 사람 다 외모가 훤하고, 활동적이고, 모험심이 강했습니다. 아버지는 "우리는 뭐든 한 번씩은 해봐야 직성이 풀렸어"라고 말씀하곤 했습니다. 부모님의 연애 이야기는 극적이고 때때로 웃기기도 했지만 지금 와서 되돌아보면 가슴 아픈 구석이 있고 남편과 아내로서 미래에 겪을 문제들의 전조가 가득했습니다.

부모님은 벌써 오래전에 돌아가셨지만 저는 어머니가 타고난 이야기꾼이었다는 사실에 지금도 감사함을 느낍니다. 제가 어머니의 운전석 옆자리에 앉아 함께 왕진을 가거나 병원에 출근할 때마다 어머니는 제게 수백 개의 이야기를 들려줬습니다. 신혼부부가 삼나무 아래에 서서 혼인서약을 한 지 58년이 지났지만 제 부모님은 제 기억 속에서 아직까지 아른아른 빛나고 있습니다.

)

어제, 저는 식료품 가게에서 예전의 내담자와 우연히 마주쳤습니다. 할은 대학교 로고가 크게 프린트된 셔츠를 입고 있었습니다. '행복주립대학.' 그걸 보자마자 저절로 미소가 지어졌습니다. 왜냐하면 몇 년 전 할은 우울증으로 저를 찾아왔기 때문입니다. 할은 따분하고 외로운 삶을 사는 트럭 운전사였습니다. 저는 그의 과거에 대해서 물어보기 전까지는 그를 어떻게 도와야 할지 알 수가 없었습니다. "출생에 대해 아는 게 있나요? 부모가 원하던 아이였나요? 어릴 땐 어떤 아이었나요? 초등학교에 입학한 첫날은 어땠나요?" 할은 이런 질문들에 아무 대답도 하지 않았습니다. 제가 가족여행에 대해 묻자 할은 "한 번도 가본 적이 없습니다"라고 대답했습니다. 가족 단위로 어울리는 이웃이나 친구 가족이 있었냐고 물어보자 할은 이렇게 답했습니다. "저희 가족은 다른 사람들과 잘 어울리지 않았습니다." 제가 취미나 관심사에 대해 묻자 할은 고개를 저었습니다. 할은 유년기의 추억이나 현재의 삶에 대한 이야깃거리가 거의 없었습니다. 오직 하나의 이야기만을 가지고 있었습니다. 그는 슬픔에 빠져 있는 삶이 지루한 미혼 남성이었습니다.

할의 가족은 고립되고 수상쩍은 삶을 살았습니다. 할의 아버지는 별명이 '느림보'였는데 정확한 이유는 아무도 기억하지 못했습니다. 제 생각에는 카리스마가 없고 활기와 에너지가 부족한 것과 관계되지 않았나 싶습니다. 느림보 아버지는 식사 시간이나 자신이 운전을 하는 동안 일절 대화를 금지했습니다. 할이 자신의 의견이라도 밝힐라치면 할의 아버지는 다음과 같은 말로 비꼬았습니다. "네가 뭐라도 된다고 생각하니?", "그렇게 빌어먹을 정도로 똑똑하다고 생각한다면…." 얼마 지나지 않아 할은 알고 있는 것들을 이야기하지 않게 됐습니다. 할의 어머니 또한 남과 어울리지 않고 혼자 지냈습니다. 그녀는 자신이 그다지 똑똑하지 않다고 확신했습니다. 할의 누나는 할보다 나이가 훨씬 더 많았고 열여섯의 이른 나이에 결혼을 했습니다. 저녁을 먹고 나면 느림보 아버지는 자신이 운영하는 가게에서 일을 했고 어머니는 『트루 로맨스True Romance』 같은 연애만화를 읽거나 자신의 방에서 조용히 코바늘 뜨개질을 했습니다. 이 집에서 나는 가장 큰 소리는 대형 괘종시계가 15분마다 울리는 소리였습니다. 할은 이렇게 말했습니다. "저는 그 시계가 좋았어요."

우리는 할의 유년기를 되돌릴 수는 없었지만 재구성할 수는 있었습니다. 저는 할에게 오래된 이야기들을 찾아보고 스스로 새로운 이야기들을 만들어보라고 했습니다. 할의 부모님은 이미 돌아가셨지만 저는 할에게 누나와 이모에게 전화를 걸어서 '잃어버린 시간들'을 채우는 일을 도와달라고 부탁하라고 권유했습니다. 할은 그들이 기억해낸 것들을 받아 적었고 우리는 함께 그 기억들을 윤색했습니다. 가령, 할의 누나는 할이 집에서 빵 굽는 날을 얼마나 좋아했는지 기억해냈습니다. 할의 어머니와 이모는 매주 토요일이면 스웨덴식 호밀빵을 굽곤 했습니다. 할은 갓 구운 따끈따끈한 빵 덩어리에 버터와 계피설탕을 듬뿍 바른 다음 밖으로 나가 단풍나무에 등을 기대고 앉아 그걸 먹었습니다. 할의 이모는 할이 항상 배가 고프다고 했다고 기억했습니다. 우리는 이 기억의 조각들을 삶의 테마로 만들었습니다. 할은 항상 삶의 풍미를 깊이 음미했습니다. 또한 항상 모험과 교류를 갈망했습니다. 그리고 할은 여전히 깊은 갈증에 시달리고 있지만 이제는 갈증을 충족시킬 준비가 되어 있었습니다.

저는 할에게 매주 현재의 삶에서 모험거리를 찾아오라는 숙제를 내주었습니다. 처음에 할은 할 수 있을지 모르겠다고 자신 없어 했습니다. 하지만 자신의 삶 속에서 이야기들을 찾기 시작하자 곧 발견할 수 있었습니다. 할이 제게 이야기들을 해줄 때마다 저는 할에게 중요한 세부 사항들과 반짝거리는 순간들을 상기해보라고 격려했습니다. 가령, 옛날 친구와 우연히 만난 일 혹은 바람 빠진 타이어 때문에 쩔쩔매던 할머니를 도운 일과 같은 사건들의 의미에 대해 물었습니다. 함께 이야기를 나누면서 이런 기억들은 더 확장됐습니다. 할을 반가워하던 고등학교 같은 반 친구는 할이 학창시절을 긍정적으로 재평가하도록 도와줬습니다. 바람 빠진 타이어 사건은 할이 너그러운 마음을 가지고 있고 타인을 돕는 일에 보람을 느낀다는 이야기가 되었습니다.

⟩

흥미로운 삶을 사는 사람들과 본인 자체가 흥미로운 사람들 사이에는 커다란 차이가 있습니다. 그 차이는 바로 스토리텔링입니다. 사건들 그 자체만으로는 특별히 매력적이지 않습니다. 이야기는 인간 마음의 동기, 욕망, 복잡성을 분명하게 밝혀줍니다. 좋은 이야기들이 건강한 사람들과 건강한 문화를 만들어내는 것과 마찬가지로, 병적인 이야기들은 의기소침한 사람들과 의기소침한 문화를 만들어냅니다.

심리치료사들은 기본적으로 이야기꾼들입니다. 내담자들에게는 세상을 더 낙관적으로 바라볼 수 있게 도와주는 이야기들이 필요합니다. 심리치료사 제이 할리는 심리치료사들에게 내담자가 자기 자신을 대서사시에 나오는 영웅으로 개념화하도록 도우라고 권장합니다. 그는 "비극을 뮤지컬 코미디로 바꾸는 일"에 대해 이야기했습니다. 좋은 이야기들은 내담자들이 자기 자신을 더 영웅적이고, 더 열정적이고, 더 흥미로운 사람으로 여기게 도와줍니다.

한번은 코카인에 중독된 아들의 아이를 돌봐야 하는 할머니를 상담한 적이 있습니다. 상담실에 들어올 때 미리암은 지칠 대로 지쳐 있었습니다. 우울감에 시달리면서 기력도 떨어지고, 무엇보다 자신이 짊어진 짐에 압도되어 있었습니다. 그녀는 자신의 미래를 끝없는 고행의 길로 보았고 자기 자신을 기운 없고 불쌍한 노인으로 여겼습니다. 그녀는 첫 번째 상담 시간 내내 눈물을 흘리면서 말했습니다. "선생님이 저를 도울 수 있을지 모르겠어요. 하느님도 저를 도울 수 없었거든요." 미리암은 독실한 가톨릭 신자였기 때문에 저는 그녀가 테레사 수녀의 비유를 잘 받아들일 것이라고 생각했습니다. 저는 그녀에게 그녀의 임무는 작고 약한 존재를 돕는 것이라고 말했습니다. 또한 손자를 돌보는 일은 매우 중요하고 고귀한 일이라고도 말했습니다.

"의무의 부름이 있었을 때 한달음에 달려오신 걸 자랑스러워하셔야 합니다." 이 비유가 젖은 기저귀나 떼를 쓰며 우는 아기를 미리암의 삶에서 없애주지는 않습니다. 하지만 이 비유는 미리암에게 명예에 대한 의식을 심어주었습니다. 그녀는 다시 상담을 받으러 오겠다고 약속했고 그녀가 두 번째로 상담실을 찾았을 때 우리는 그녀가 어떤 자원들을 이용할 수 있을지 함께 찾아봤습니다. 저는 이렇게 말했습니다. "테레사 수녀님에게도 지지 시스템이 있었을 겁니다."

많은 커플들에게도 새로운 이야기가 필요합니다. 서로 따지기 좋아하는 관계가 열정적인 관계로 재구성될 수 있습니다. 이들의 갈등을 더 화려한 커플들의 갈등에 비유할 수도 있습니다. 가령 팝스타 마돈나와 영화감독 가이 리치 커플 혹은 셰익스피어의 『말괄량이 길들이기』에 나오는 캐서린과 페트루치오 커플에 말이죠. 동시에 내담자들에게 안정감을 갖고 넘치는 에너지를 모아서 지속적인 열정으로 변환시키라고 제안할 수도 있습니다.

난민들 또한 새로운 이야기를 만들어야 할 때가 있습니다. 이들은 피해자의 기억을 안고 미국으로 왔습니다. 저는 이들에게 자랑스럽게 떠올릴 수 있는 기억이 무엇이냐고 물어봅니다. 이들은 자신이 용감함이나 관대함을 보였던 일들을 기억해냅니다. 이들의 이야기에 작은 변화를 주면 정체성에 커다란 영향을 미칠 수 있습니다. 보스니아에서 온 한 젊은 여성은 군인들이 쳐들어왔을 때 여동생을 문 뒤로 밀어 넣어 동생이 강간을 당하지 않게 보호한 일을 기억했습니다. 이 기억은 그녀가 자신이 더럽혀졌다고 느끼는 대신 고결하다고 느끼게 도와줬습니다. 완전한 황무지는 없습니다. 우리는 내담자들이 잔해 가운데에서 숨겨진 보물을 찾도록 도와야 합니다.

작가 이자크 디네센은 이렇게 말했습니다. "모든 슬픔은 이야기를 붙인다면 견뎌낼 수 있다." 우리는 내담자들이 자신의 이야기를 더 풍요롭고, 더 의미심장하고, 더 희망적으로 만들도록 도울 수 있습니다. 이렇게 할 수 있는 가장 일반적인 방법은 슬픈 이야기에 다음과 같은 질문으로 응답하는 것입니다. "그 경험으로 무엇을 얻었나요?" 놀랍게도 저는 아무것도 얻지 못했다는 내담자를 지금껏 한 번도 보지 못했습니다.

)

식료품 가게에서 마주쳤을 때 할은 이야기를 하나 들려주었습니다. 지금껏 들은 이야기 중 최고의 이야기는 아니었습니다. 할은 스터즈 터클*이 아닙니다. 하지만 그 이야기는 살아 있는 진짜 이야기였습니다. 할은 여자친구와 함께 옐로스톤 국립공원에 여행을 갔다고 했습니다. 그런데 곰 한 마리가 그들의 차에 침입해 들어와 그들의 식량을 몽땅 먹어버렸습니다. 할은 곰을 쫓아버렸습니다. 할은 이 이야기 속에서 누군가의 사랑을 받고 있었고 또한 영웅이었습니다. 할이 입은 '행복주립대학' 티셔츠는 그가 새로 찾은 삶을 잘 보여주고 있었습니다.

제 부모님은 결혼한 이후 내내 행복하게 살지는 않았습니다. 『말괄량이 길들이기』의 캐서린과 페트루치오 커플처럼 아웅다웅하며 살았습니다. 하지만 두 분 모두 이야기꾼이었고

◆　풀리처상 수상 작가이자 라디오 진행자, 인터뷰 진행자로 유명하다.

그 덕분에 저는 풍요로운 유년기를 보낼 수 있었습니다. 제가 어른이 되어 겪은 거의 모든 일들은 어린 소녀일 때 들었던 이야기들을 떠올리게 했습니다. 로라, 이번 가을 저에게 슈퍼비전을 받을 때는 임상사례들은 잠시 옆으로 제쳐두고 그냥 서로에게 이야기를 들려줍시다. 여러 세대 동안 이야기는 길고 어두운 계절에 우리 인간들이 온전한 정신을 유지할 수 있도록 지켜주었습니다.

내담자들이
변화하려 들지 않을 때

✳

10월 4일

이라크에는 이런 속담이 있습니다. "자고 있는 개를 깨울 수는 있지만 자는 척하고 있는 개를 깨울 수는 없다." 오늘 아침 신문에 엠마의 사진이 실려 있었습니다. 저는 엠마를 그녀가 침울하고 반항적인 십대일 때 처음 만났습니다. 엠마는 목사의 자녀였고 엠마의 부모는 엠마가 가족들과 식사를 같이 하지 않으려 한다면서 함께 상담실을 찾았습니다. 신문에는 엠마가 이제 막 로스쿨을 수석으로 졸업했다고 나와 있더군요. 이제 엠마가 저와 부모님을 대상으로 연마한 논쟁 기술을 사회에서 이용할 것이라고 생각하니 빙그레 웃음이 났습니다.

첫 번째 상담 시간에 엠마는 가슴 앞으로 팔짱을 낀 채 상담실 창문 밖만 빤히 쳐다보고 있었습니다. 제가 저의 시간과 그녀 부모님의 돈을 낭비하고 싶지 않다고 말하자 엠마가 빈정댔습니다. "그러든지 말든지." 엠마는 제가 수다스러운 다른 내담자들을 상대한 후에 조용한 그녀를 만나니 얼마나 편한지 모르겠다고 말하고 나서야 이야기를 하기 시작했습니다. 그러고선 속사포처럼 쉬지 않고 이야기를 퍼부어댔습니다. 문제는 엠마가 제 이야기를 듣지 않는다는 것이었습니다. 그래서 저는 그냥 듣고만 있었습니다. 저는 엠마의 세상으로 들어갈 수 있는 방법들과 그녀의 마음을 움직일 비유들, 그녀의 상황을 재설정할 새로운 방법들을 찾아봤습니다. 저는 엠마가 제 의견을 물어볼 때까지 기다렸고 몇 번의 상담 시간이 지나고 나자 마침내 엠마가 제게 의견을 물었습니다. 엠마는 제가 대답을 하는 동안 과장된 몸짓으로 연신 하품을 해댔지만 제가 제안한 의견들 중 몇 가지를 실천했습니다.

저는 항상 엠마가 대화의 마지막 말을 하도록 했습니다. 이는 완고한 성격을 가진 사람들과 대화할 때 매우 중요한 기술입니다. 엠마는 일단 온힘을 다해 하고 싶은 말을 다 하고 나면 차분해졌고 방어적인 태도를 거두었습니다. 그럴 때면 저는 절호의 순간을 놓치지 않고 엠마 쪽으로 살짝 다가갔습니다. 우리는 여러 달 동안 이런 식으로 함께 왈츠를 췄습니다. 엠마는 심리치료를 적극적으로 수용한 적은 한 번도 없었지만 어느 성노의 신전을 이뤘습니다. 상담을 종료할 때쯤 엠마는 다시 가족들과 함께 식사를 했습니다.

심리학자 칼 로저스는 '변화의 역설'에 대해 말했습니다. 사람들은 자신이 있는 그대로의 모습으로 받아들여지고 있다고 느낄 때에만 변화에 대해 진지하게 고민한다는 것입니다. 변화에 대한 저항은 인간의 자연스러운 조건입니다. 누가 어떤 사람이 "비판을 잘 받아들이지 않는다"라고 흉을 볼 때마다 저는 이렇게 반문하고 싶습니다. "비판을 잘 받아들이는 사람이 누가 있겠습니까?"

우리 모두는 자신이 더 나아지기를 바랍니다. 하지만 동시에 우리는 변화를 좋아하지 않습니다. 외부에서 변화를 촉구하는 경우에는 특히 더 그러합니다. 우리는 불확실성보다는 문제를 안고 있는 것이 차라리 낫다고 생각합니다. 아무리 참담한 문제라고 해도 말입니다. 게다가 최악의 상황이 된다고 하더라도, 자신의 문제를 다른 누구의 문제와도 바꾸고 싶어 하지 않습니다. 어느 정도, 인간은 자신이 가진 문제 그 자체라고 할 수 있습니다. 문제를 잃는 것은 정체성을 잃는 것이기 때문입니다.

심리치료사들은 말을 냇가로 데려갈 수는 있지만 말에게 일기를 쓰게 하거나 매일 운동을 하게 할 수는 없습니다. 인간은 정확히 자신이 하고 싶은 것만을 합니다. 우리의 가장 큰 과제는 내담자들이 자신에게 가장 이익이 되는 일들을 하도록 돕는 것입니다. 오래된 이 농담을 들어봤을 것입니다. "전구를 교체하는 데 심리치료사가 몇 명이나 필요할까요? 한 명. 단, 전구가 교체를 원하는 경우에." 교육, 모범, 지지, 권고는 모두 효과가 있습니다. 단, 내담자가 변화하고 싶다고 진심으로 원하는 경우에만 말입니다.

사람들은 사랑하는 누군가를 잃을까 봐 두려워 상담실을 찾을지도 모릅니다. 하지만 그렇게 열심히 노력하고 싶어 하지는 않을 때가 많습니다. 실제로, 마지못해 상담실을 찾은 내담자들은 심리치료를 주위 사람들이 더 이상 자신을 귀찮게 굴지 않게 만드는 도구로 이용하기도 합니다. "이봐, 술 먹는 것 갖고 그만 바가지 긁어. 상담 받고 있잖아." 하지만 더 많은 경우, 사람들은 사랑에 응하여 변화합니다. 많은 부모들은 유치원생 자녀가 간절히 부탁하면 담배를 끊습니다. 또한 많은 청소년들은 할머니와 할아버지가 낚시 여행에 함께 데리고 가면 안정을 되찾습니다.

성난 강물을 멈출 수는 없습니다. 하지만 작은 도랑을 파거나 작은 댐을 만들어서 강의 흐름을 바꿀 수는 있습니다. 내담자의 저항과 정면으로 대치하는 것보다 저항의 방향을 바꾸어주는 것이 더 효과적입니다. 그리고 이렇게 할 수 있는 방법은 많습니다. 한 가지 방법은 이렇게 말하는 것입니다. "당신이 하는 말에 일부 동의해요. 하지만 의아한 부분도 있습니다." 이렇게 말할 수도 있습니다. "당신이 지금의 상황에 대해 약간이라도 의문이 들지 않는지 궁금하군요." 혹은 이렇게 말할 수도 있습니다. "당신이 제 제안을 싫어한다는 건 잘 알겠습니다. 하지만 며칠만 시도해보는 건 어떨까요."

당신의 내담자와 비슷한 상황에 놓여 있지만 조금은 다르게 대처한 사람에 대해 들려줄 수도 있습니다. 혹은 당신이 변화하려 하지 않는 태도가 어떤 이점들을 가지고 있는지 주장한 다음 내담자가 당신의 의견에 반박하기를 기대할 수도 있습니다. 내담자가 문제를 해결할 시간이 자신에게 있을지 모르겠다고 물어볼 때마다 저는 이렇게 대답합니다. "지금이 딱 적기입니다."

힘겨루기에는 두 가지 규칙이 있습니다. 피하거나 이기거나. 심리치료를 할 때는 이기기가 거의 불가능합니다. 결국 자신의 삶을 책임지는 것은 내담자들 자신이기 때문입니다. 하지만 우회적인 방법으로 힘겨루기에서 이길 수 있을 때도 많습니다. 저는 수줍음이 많고 즐거운 활동은 좀처럼 하지 않는 린이라는 여성을 상담한 적이 있습니다. 저는 그녀에게 운동을 하라고 권유했습니다. 그녀는 절대로 못한다고 주장했습니다. 린은 일주일에 단 5분도 운동할 수 없는 이유를 백 가지도 넘게 댈 수 있었습니다. 결국 저는 개를 키우는 건 어떻겠냐고 제안했습니다. 저는 세 가지 이점이 있다고 생각했습니다. 개를 키우면 린에게는 애착이 형성될 것입니다. 애착은 우울증에 치유력이 있죠. 또한 개를 키우면 린에게는 대화거리가 생길 것입니다. 다른 사람들과 '대화를 시작할 수 있게' 도와주는 무언가가 생기는 것입니다. 게다가 개를 산책시키면서 약간의 엔도르핀이 분비될 수 있습니다.

린은 개를 입양하겠다고 결정했습니다. 제가 말한 이유들 때문이 아니라 자신의 개인적인 안전을 위해서였습니다. 듀크는 야외에서 뛰어놀기를 좋아하는 덩치 큰 개였습니다. 이내 린은 매일매일 점점 더 멀리까지 산책을 가게 됐습니다. 듀크를 쫓아서 달리다 보니 저절로 운동이 되고 기분이 고조되어서 린에게는 더 이상 약물치료가 필요하지 않게 됐습니다. 게다가 산책길에 다른 개 주인들과 어울리고 동료들에게 듀크에 대한 이야기를 늘 할 수 있었습니다.

다른 사람들에게 동기를 부여하는 일은 그들과 '주파수를 맞추는' 신비로운 상태를 포함하고 있습니다. 이를 '동기화하다' 혹은 '손발이 잘 맞다'라고 표현하기도 합니다. 이런 느낌이 드는 순간을 우리 모두 잘 알고 있습니다. 과학자들은 이를 전문용어로 '변연 공명limbic resonance'이라고 지칭합니다. 이는 상대의 감정 상태를 감지할 수 있는 포유동물의 선천적인 능력을 가리킵니다.

변화는 주변의 사람들이 자신에게 관심을 기울이고 자신을 수용한다고 느껴질 때 가장 잘 일어납니다. 이런 느낌이 들 때면 새로운 경험에 몸과 마음을 열게 됩니다. 지휘자 벤자민 잰더는 연주자들이 그와 '손발이 잘 맞는' 순간을 알 수 있다고 말합니다. 그들의 눈이 반짝거리기 때문입니다. 내담자가 눈을 반짝거린다면 그것은 당신이 내담자와 연결되어 있다는 좋은 신호입니다.

)

대개의 경우 사람들은 변화할 준비가 되었을 때 상담실을 찾아옵니다. 가장 중요한 것은 타이밍입니다. 적절한 타이밍에 제시된 제안은 아주 사소한 제안이라 할지라도 삶 전체를 바꿀 수 있습니다. 타이밍이 맞지 않으면 벼락이 친다고 해도 그다지 큰 영향을 미치지 못합니다. 심리치료는 내담자보다 한 발짝 앞에서 내담자가 "제가 생각하던 게 바로 그거예요"라고 말하게 만드는 이야기를 하는 것입니다.

타이밍이 맞지 않게 개입을 하면 오히려 아무 일도 하지 않는 것보다 더 안 좋을 수 있습니다. 나중의 시도 가능성을 해칠 수 있는 데다 내담자에게 큰 저항을 불러일으키기 때문입니다. 가령 저는 린에게 교회에서 주최하는 싱글 모임에 나가보라고 제안하는 실수를 저질렀습니다. 린에게는 그런 이벤트에 필요한 대인 기술이나 자신감이 없었기 때문에 그날 저녁 내내 곤혹스러워했습니다. 그리고 저는 다시는 그녀에게 그런 종류의 위험을 감수하라고 설득할 수 없게 됐습니다.

심리치료사 자신이 무언가를 말하고 싶다는 생각이 들지 않을 때면 실제로 적합한 때가 아닌 경우가 많습니다. 심리치료사는 내담자가 자신의 말을 들을 준비가 되어 있지 않다는 사실을 직감적으로 감지할 수 있습니다. 심리치료사 자신의 저항감을 무시하는 것은 좋은 생각이 아닙니다. 다만, 이에 대한 한 가지 예외가 있는데 중독에 관련된 문제입니다. 무언가에 중독된 사람들은 자신의 습관에 대해 절대 이야기하지 않으려 합니다. 그렇기 때문에 그들이 준비될 때까지 기다렸다가는 위험해질 수 있습니다. 그럼에도 불구하고, 지나치게 많이 설명을 해야 하거나, 같은 말을 반복해야 하거나, 내담자와 논쟁을 벌일 때면 저는 어떤 벽에 부딪혔다는 느낌이 들고 그 벽을 영영 무너뜨릴 수 없다는 생각이 들곤 합니다.

　　내담자들이 변화하려 들지 않을 때, 심리치료사는 속으로 이렇게 생각할지 모릅니다. '뭐라고요? 제 훌륭하고, 신중하고, 전문적인 조언을 받아들이지 않겠다고요?' 그렇지만 삶은 그렇게 단순하지 않습니다. 엠마가 제게 보인 행동은 저를 대상으로 한 행동이 아니었습니다. 내담자의 저항을 개인적, 감정적으로 받아들인다면 저항을 극복하기만 힘들어질 뿐입니다. 로라, 내담자의 저항을 이용해 당신 자신과 내담자에 대한 정보를 모으세요. 저항을 피할 수 있는 유일한 방법은 심리치료를 하지 않고 집에 머무르는 것뿐입니다.

이상적인 상담이란
무엇일까요

✳

10월 10일

로라, 당신은 지금 자신에게 너무 가혹하게 굴고 있어요. 상담 중에 중요한 주제를 놓친 것은 돌이킬 수 없는 실수가 아니에요. 중요한 이야기는 계속해서 거듭 나옵니다. 다음번에 만회하면 됩니다.

이상적인 상담 과정을 상상해볼까요. 내담자가 문제를 안고 찾아옵니다. 그리고 심리치료사와 내담자가 서로를 배려하고 존중하는 관계를 만듭니다. 이들은 당면한 문제부터 우선 해결하고 난 후 내담자의 삶의 다른 측면들까지 탐색합니다. 그런 다음 내담자는 심리치료에 대해 평가하고 어떤 점이 유용했는지 피드백을 선사하면서 상담을 종결합니다. 심리치료사는 이 마지막 상담 시간을 이용해 성과를 다시 확인하고, 잠재적인 문제와 성공에 대해 논의하고, 진짜 성장을 한 것에 대해 내담자를 칭찬합니다. 매우 이상적인 상담 과정으로 보입니다. 그렇지만 이런 이상적인 시나리오는 그리 자주 현실화되지 않습니다.

　한번은 당신이 제게 물었습니다. "선생님도 실패한 적이 있나요? 선생님이 저지른 최악의 실수는 무엇이었나요?" 저는 지금까지 답을 하지 않았습니다. 패배를 인정하는 것은 고통스럽고 약간 창피하니까요. 저와 상담을 했던 내담자가 자살을 하거나 누군가를 공격한 일은 한 번도 없었습니다만, 저는 매우 특이한 실수를 몇 번 저질렀습니다.

〉

　어떤 실패들은 예측할 수 있습니다. 저는 깊이 뿌리박힌 문제들을 가진 혼란스러운 가족들을 돕지 못할 때가 많습니다. 특히 이들이 약속한 상담 시간에 잘 나타나지 않는다면 더 그렇습니다. 또한 성격장애를 가진 내담자들을 도울 수 있는 방법을 안타깝게도 알아내지 못했습니다. 성격장애는 양심을 가지고 있지 않은 사람들을 설명하는 학문 용어입니다. 저는 평생 동안 여성들을 유혹하고, 사기를 치고, 간통을 하며 살아온 남성을 상담한 적이 있습니다. 그의 이름은 톰이었습니다. 톰의 성격 구조는 완전히 굳어져 있었고 그에게 저는 속여 넘겨야 할 또 한 명의 사람에 불과했습니다. 결국 타락한 행실 때문에 그의 사업은 완전히 망했습니다. 하지만 그의 아내는 오랫동안 고통을 겪었음에도 불구하고 결혼생활을 유지하기로 결정했습니다. "시간이 흐르면 아무리 비열한 놈이라도 결국 다치게 돼 있으니까요." 하지만 그들의 가족들 또한 다치게 되겠죠. 저는 어떤 대화나 과제로도 톰이나 그의 아내를 도울 수가 없었습니다.

어떤 실패들은 전혀 예측할 겨를 없이 갑자기 생깁니다. 합리적으로 보이고 상담에도 적극적으로 참여해가며 목표를 달성해가던 내담자가 갑자기 심리치료를 그만두거나 방해공작을 펴기 시작합니다. 승리의 문턱에서 패배를 움켜쥔다고나 할까요.

)

처음부터 심리치료가 성공할 가능성이 희박한 경우에 저는 사후 분석을 짧게 끝냅니다. 스스로에게 묻습니다. '다르게 할 수 있는 방법이 있었나? 내가 놓친 것이 있나?' 그런 다음 더 이상 자기반성에 매달리지 않고 미련 없이 앞으로 나아갑니다. 하지만 심리치료가 성공하리라고 큰 희망을 품었던 경우에는 돌로 머리를 얻어맞은 듯한 기분이 듭니다. 이런 경우에는 내담자에게 마지막 상담을 위해 한 번만 더 오라고 설득한 다음 우리의 문제가 무엇이었는지에 대해 이야기를 나눕니다. 그리고 상담실의 동료들과 함께 심리치료 과정을 되짚어보고 대안적인 접근법이 있는지 물어봅니다. 그러면서 제가 얼마나 바보 같은지 곱씹으면서 며칠 동안 잠을 이루지 못하고 뒤척입니다.

되돌아보면 어떤 실수들은 너무나 명백히 저의 실수였습니다. 안정적이고, 열심히 일하고, 행복한 결혼생활을 하는 것처럼 보이는 온화한 여성과 오랫동안 상담을 한 적이 있습니다. 세 아이를 둔 엄마였죠. 한나는 십대 시절에 알코올의존증에 걸렸지만 '알코올의존자를 위한 자조모임'을 통해 금주에 성공했습니다. 이십대 때 한나는 자신이 근무하던 약국에서 의사의 처방전이 필요한 약을 훔쳤습니다. 곧바로 해고됐지만 경찰에 체포되지는 않았습니다. 삼십대 때 저를 만났을 때 그녀는 마약을 하지 않는다고 주장했습니다. 지금까지도 수수께끼 같은 부분은 그녀에게서 거의 아무 문제도 보이지 않았다는 것입니다. 한나는 자녀교육에 대한 걱정이나 남편이나 동료들과의 사소한 갈등에 대해 쾌활하게 떠들었습니다. 때때로 저는 그녀에게 술을 마시거나 마약을 하지 않느냐고 물었고 한나는 단호하게 하지 않는다고 말했습니다. 하지만 어느 화요일, 상담이 끝나고 세 시간 후 한나는 코카인을 소지하고 있다가 체포됐습니다.

저는 한나에게 문제가 하나도 없는 것을 위험 신호로 여겼어야 했습니다. 바쁜 직장인들은 단순히 수다를 떠는 일에 시간당 90달러를 지불하지 않습니다. 한나의 남편과도 자주 연락을 했어야 했습니다. 그가 나중에 제게 말하더군요. "한나는 몹시 기이했어요. 미심쩍은 구석이 있었어요." 내키지 않지만 반드시 해야 하는 일이라면 했어야 했습니다. 정기적으로 한나에게 마약 복용 여부 검사를 했어야 했습니다. 한나는 다정했고 저는 정중했습니다. 하지만 서로 예의를 차리며 그 시간들을 보낸 후 결국 한나는 감옥에 가게 됐고 결혼생활은 무너졌습니다.

폭식증을 앓는 로즈메리라는 내담자와는 3년 동안 상담을 하기도 했습니다. 저는 그녀에게 할 수 있는 모든 치료 방법을 시도했습니다. 과거에 대해 심층 대화하기, 감정 일기 쓰기, 음식물 섭취 기록하기, 적극성 훈련하기, 스트레스 조절 훈련하기, 인지행동치료, 심지어 입원 치료까지 했습니다. 로즈메리는 전혀 차도가 없었고 1년 후 저는 그녀를 새로운 심리치료사에게 인도해야 했습니다. 섭식장애에 대한 책을 쓰기도 했던 제가 말입니다.

그녀가 마지막 상담 시간에 했던 말을 통해 심리치료가 이렇다 할 효과가 없었던 이유를 알아낼 수 있었습니다. 로즈메리는 이렇게 말했습니다. "선생님이 저를 도울 수 있는 딱 맞는 방식을 찾지 못해 유감이에요." 그때 알았습니다. 그녀가 제가 비법들로 가득 찬 가방을 가지고 있고 그 가방에서 딱 맞는 치료법을 꺼내리라고 생각했다는 사실을 말이죠. 그녀는 제 마술이 나타나기만을 기다리고 있었던 것입니다. 저는 이렇게 말했어야 했습니다. "저는 마술사가 아닙니다. 오직 당신만이 문제를 해결할 수 있어요."

저의 가장 슬픈 사례 중 하나는 아버지가 음주운전으로 사고를 내고 세상을 떠난 십대 아이의 사례였습니다. 장례식을 마치고 난 후 브랜든은 어머니와 함께 상담실을 찾았습니다. 두 사람은 항상 싸웠습니다. 브랜든은 수시로 가출을 했고, 어머니에게 소리를 질렀고, 어머니의 돈을 훔쳤습니다. 어느 시점에서 저는 브랜든이 수용시설로 들어가는 게 좋겠다고 제안했습니다. 그곳에서는 브랜든을 좀 더 확실하게 통제할 수 있을 테니까요. 이후 어머니와 아들은 다시는 상담실로 돌아오지 않았습니다. 무슨 일인지 분석하고 나서야 저는 가슴 깊이 후회했습니다. 트라우마를 겪은 두 사람에게는 오직 서로밖에 없었습니다. 이들의 싸움은 서로의 유대를 강화하고 고통으로부터 벗어나려는 몸부림이었습니다. 그런데도 저는 바보같이 둘을 갈라놓으려고 한 것입니다.

어떤 사례들은 사후 평가를 하기가 더 어렵습니다. 모이라는 여성을 상담한 적이 있는데 그녀는 한시도 말을 멈추지 않는 사람이었습니다. 매 상담 때마다 그녀의 말이 끝나기를 기다려야 했습니다. 지는 그녀가 저는 알지 못하는 어떤 이유로 대화를 백 퍼센트 장악해야 할 필요를 느끼는 것이라고 생각했습니다. 상담이 계속되면서 저는 모이라가 말을 너무 많이 하는 문제에 정면으로 맞서려고 시도했습니다. 하지만 말을 꺼낼 기회를 잡을 수가 없었습니다. 그녀는 잠시 한숨을 돌리는 것조차 끔찍이 싫어했고, 저나 다른 사람의 말을 듣는 것 자체를 두려워했습니다. 그녀는 멜라니 클라인이 '조적 방어manic defense'라고 지칭한 증상을 가지고 있었습니다. 이는 문제에 대해 생각할 여유를 가지지 않는 식으로 우울증을 이겨내려는 시도입니다. 한번은 제가 이 개념을 그녀에게 설명하려고 했지만 모이라는 제 이야기를 들으려고 하지 않았습니다. 결국 모이라는 수다를 떨기 위해 상담실을 찾는 것을 그만뒀습니다. 그녀도 저도 그녀가 조금이라도 나아졌다고 느끼지 못했습니다. 궁극적으로 저는 그녀가 도움을 원하지 않았다고 생각합니다. 그녀는 칭찬을 원했습니다. 하지만 칭찬을 했다 하더라도 그녀는 말하기를 멈추지 않았을 것입니다.

아직도 저는 제 실수들에 대해 이야기하는 것이 괴롭습니다. 다시 또 실수하고 싶지 않은 데다, 무엇보다 저는 무언가를 쉽게 떨쳐버리는 성격이 아닙니다. 하지만 이뿐만은 아닙니다. 저는 제게 도움을 받으러 온 사람들을 상처 입혔을까 봐 걱정이 됩니다. 고집스러운 내담자들의 저항의 문을 열 수 있는 열쇠를 찾지 못한 것이 후회됩니다. 방금 전에도 말했듯이 저는 무언가를 쉽게 떨쳐버리지 못합니다.

제가 존경하는 한 미술 선생님은 학생들에게 그림을 그릴 때 지우개를 사용하지 못하게 합니다. 그녀는 이렇게 말합니다. "실수를 지워버리지 마세요. 그것을 아름답게 만들어보세요." 두서없고 아무런 성과도 없는 듯한 상담을 마치고서도 마지막에는 뭔가를 건질 때가 많습니다. 저는 내담자에게 이렇게 말할 수 있습니다. "상담 시간이 답답하게 느껴졌더라도, 때때로 내담자들은 집으로 돌아가는 길에 우리의 대화가 뭘 의도했는지 깨닫기도 합니다." 혹은 이렇게 말할 수도 있습니다. "우리는 오늘 많은 주제들을 건드렸습니다. 결과는 아직 뚜렷하게 보이진 않지만 우리는 이미 앞으로 나아갔고 이는 되돌릴 수 없습니다." 알 듯 모를 듯한 이런 말들이 내담자가 다음 상담 시간까지 계속 의미를 찾게 만들어줍니다. 그리고 그렇게 계속되다 보면 밋밋했던 그 시간 속에서도 빛나는 무언가를 발견하곤 하죠.

부모이자 심리치료사이자 작가로서, 저는 목표를 70퍼센트 정도 달성합니다. 저 자신에게 이보다 더 많은 것을 기대한다면 중년의 인간이 발휘할 수 있는 수준 이상의 완벽을 기대하는 것일지 모릅니다. 저는 오티스 삼촌의 조언을 기억합니다. 예순 번째 결혼기념파티에서 한 손님이 삼촌에게 삶의 경험으로부터 얻은 지혜의 말을 해달라고 요청했습니다. 오티스 삼촌은 이 요청에 약간 쑥스러워했지만 자신의 임무를 진지하게 받아들였습니다. 오티스 삼촌은 이렇게 말했습니다. "밤에 잠을 잘 자고 매일 아침 일어나 하루 동안 최선을 다하려고 노력합니다. 그게 전부입니다."

세계 곳곳의 치유법들

✳

10월 21일

어젯밤, 저와 짐은 해질녘에 시골 지역으로 차를 몰고 나 갔습니다. 추수기여서 사방으로 뿌연 곡물 티끌들이 날렸는데 석양이 마치 잘 익은 단감처럼 보였습니다. 온 주변에서 시리 얼 상자 속 냄새가 났습니다. 들판에서는 불빛이 깐닥거리며 깜박거렸고 낡은 트럭들이 대형 곡물창고 앞에 길게 줄서 있 었습니다. 4미터가 넘는 키 큰 해바라기들이 만취한 듯 고개를 까딱이며 꾸벅꾸벅 졸고, 비스듬히 비치는 햇살에 말들의 반 질반질한 몸통이 반짝였습니다.

세계 곳곳에서는 저마다 해넘이에 의미를 부여합니다. 일 반적인 기준에서 벗어나는 식물이나 동물들을 토템신앙의 대 상으로 삼기도 합니다. 자연의 일탈은 숭배 또는 두려움의 대 상이었습니다. 지난 1년 동안 동네에서 알비노 다람쥐와 마주 쳤습니다. 우연히 이 다람쥐를 보게 될 때마다 저는 커다란 기뻠을 느꼈다가 곧이어 다른 감정들 ― 희망, 평온함, 심지어 경외감까지 느꼈습니다. 그런데 어느 날부터인가 다람쥐가 보이지 않았습니다. 아마 포식자에게 잡아먹혔을 테지만 저는 요즘도 가끔 다람쥐가 날쌔게 움직이던 곳을 물끄러미 쳐다보곤 합니다. 대평원의 인디언들은 흰색 버팔로를 숭배했습니다. 그들은 흰색 버팔로가 태어나면 부족원들에게 행운이 찾아온다고 믿었습니다. 얼마 전에는 『뉴요커』에서 캐나다 브리티시컬럼비아주 태평양 연안 앞바다의 군도인 퀸 샬럿 제도에 대해 읽었습니다. 이곳에는 황금색 가문비나무가 서식합니다. 관광객들, 섬의 주민들, 하이다족 인디언들은 이 나무를 숭배했습니다. 그렇지만 한 남성이 이 나무를 잘라버렸습니다. 끔찍한 공공 기물 파손 행위였습니다. 하지만 그 남성 또한 그 나무가 신성하다고 느꼈을 게 틀림없습니다. 신성하다고 느꼈기 때문에 상징적인 이유로 파괴해버린 것이죠.

각 문화권에는 고유의 치유 시스템이 있습니다. 아울러 모든 문화권에 보편적인 치유법도 있는데 맛있는 음식을 먹고, 음악을 듣고, 서로를 어루만지고, 진실을 말하고 용서하는 일이 그렇습니다. 많은 인디언 부족들에게는 원을 이루고 앉아 논의해야 할 갖가지 문제들에 대해 이야기를 나누는 문화가 있습니다. 북소리, 술, 향료 식물 태우는 냄새 등은 많은 병을 치료하는 데 도움이 됩니다.

세계의 많은 지역에서 사람들은 정화와 용서의 의식을 치릅니다. 친구들과 이야기 나누기, 아이들과 놀기, 예술작품 만들기는 수천 년 동안 사용되어온 치유법입니다. 특히 웃음은 많은 치유 시스템의 중요한 구성 요소입니다.

중동에서는 어려움을 겪는 사람들이 성자의 집을 방문합니다. 이곳들은 대개 여행자들을 돕는 친절한 사람들이 스태프로 있는 평화로운 휴식처입니다. 손님들은 서로 함께 시간을 보내면서 음식을 나눠 먹습니다. 이들은 기도를 하고, 울고, 걷고, 휴식을 취합니다. 그리고 한결 더 나아진 기분으로 집에 돌아갑니다.

불교에는 마음을 차분하게 하고 치유하게 하는, 오래된 정교한 절차가 있습니다. 올바르게 호흡하기, 명상하기, 모든 것의 덧없음에 집중하기 등은 불교의 치유 행위들이죠. 성공적인 심리치료법 중 일부는 불교적인 요소들을 포함하고 있습니다.

억압적인 독재정권의 희생자들은 권위주의적인 정권의 참상을 기록하거나 인권운동을 하는 방식으로 정신의 손상을 복구합니다. 고국으로부터 가족들을 데려오는 일 또한 마음을 깊이 치유해줍니다. 한번은 한 수단 남성에게 그가 겪은 수많은 죽음들에서 생긴 상처를 치유하는 데 무엇이 도움이 되겠는지 물었습니다. 그는 이렇게 말했습니다. "제 가족들과 함께 있고 싶습니다. 그들을 도울 수 있다면 행복할 것 같습니다."

전통적인 치유법들이 효과가 있는 이유는 이들이 효과가 있다고 믿어지기 때문입니다. 거의 모든 정신건강 치료법에는 플라세보 효과가 있습니다. 심리치료를 받는 사람들이 호전되는 이유 중 가장 큰 이유는 이들이 자신이 호전되리라고 기대하기 때문입니다. 이들은 제가 한 고등학교에서 만난 베트남 소년의 말처럼 "희망의 아름다움과 미스터리"에 기댑니다.

신을 믿든 믿지 않든 기도는 효과가 있습니다. 기도는 단순히 걱정만 하는 것보다 더 적극적인 절차이자 신뢰와 관련된 절차입니다. 대부분의 사람들은 프로이트와 대화하는 것보다 신과 대화하는 것을 더 만족스러워합니다. 또한 기도에는 진단, 치료법, 건강보험 따위가 필요 없죠.

관심 또한 치유력이 있습니다. 사람들은 다른 사람이 자신의 이야기를 들어준다고 느낄 때, 그리고 자신이 사랑받고 있다고 느낄 때 기분이 나아집니다. 몽족의 샤먼이 말 머리 복면을 쓰고 기도문을 읊조리며 춤을 출 때 그의 환자는 누군가가 자신에게 관심을 기울이고 있다는 사실을 알게 됩니다. 환자의 가족은 이런 관심의 자리를 조심스럽게 마련하고 비용을 지불합니다. 사랑은 낙담하고 절망한 사람들을 재생시킵니다. 시인 조이 하르요가 썼듯이 "사랑은 신체의 분자구조를 바꾸어줍니다."

대부분의 난민들은 심리치료를 그다지 좋아하지 않습니

다. 낯선 사람과 작은 상담실에 앉아서 문젯거리에 대해 이야기하는 것을 매우 이상하게 생각합니다. 게다가 이들은 '어떻게 집세를 마련해야 할까', '아이들 신발을 사줘야 하는데' 등 생존의 문제에 온 신경을 집중하고 있습니다. 심리치료사 사라 알렉산더는 난민 내담자들에게 개별화된 '치유 패키지 프로그램'을 만들어보라고 권합니다. 이 프로그램은 그들이 새로운 삶으로 나아가는 데 도움이 될 일들을 적극적으로 할 수 있게 해줍니다. 저는 보스니아에서 온 한 여성을 알고 있습니다. 하루 만에 스물두 명의 가족을 잃은 그녀는 자신이 고통으로 심장이 멈춰버렸다고 말했습니다. 그녀는 심리치료를 거부했지만 서커스 무료 티켓을 받고선 대단히 기뻐했습니다. 가족과 함께 즐거운 시간을 보내는 것이 그녀의 치유 패키지 중 일부였습니다.

로라, 당신은 자기 민족 중심적인 시각과 유럽 중심적인 시각에서 벗어날 기회를 선사할 내담자들을 만나게 될 것입니다. 이 새로운 세기에, 우리 모두에게는 보편적인 치유 수단이 필요합니다. 정신과 신체와 영혼을 분리해서 생각하는 서구의 시각을 반드시 견지할 필요는 없습니다. 일과 놀이를 분리해서 생각하는 일반적 시각도 마찬가지입니다. 우리는 내담자들에게 마사지, 숲속 산책, 음악 감상, 태극권, 아로마 테라피를 권유할 수 있습니다. 또한 포트럭파티와 댄스파티를 처방으로 내릴 수도 있을 것입니다.

우리는 결국 추구하는 것을
발견하게 됩니다

※

11월 6일

　지난번에 당신이 들려준 새로운 내담자의 꿈에 깊이 감동을 받았습니다. 앤디는 어릴 때부터 이탈리아로 여행을 가고 싶어 했다고 했죠. 코모 호수에서 유람선을 타고 밀라노에서 오페라 공연을 보는 것이 평생의 꿈이었다고요. 목수의 벌이로 아내와 세 아이를 부양해야 하는 남성이 가까운 미래에 그런 여행을 할 수 있을 것 같진 않다고 당신과 나는 이야기했습니다. 앤디의 이야기를 들으니 어렸을 적 고향에 살던 한 남성이 떠올랐습니다. 그는 비록 여행을 떠날 수는 없지만『내셔널 지오그래픽』을 구독하는 방법으로 전 세계를 탐험하겠다고 선언했죠.

우리 인간은 참으로 항상 무언가를 열망하는 존재입니다. 어느 시대 어느 곳에서든 우리는 더, 더, 더 많은 것을 원했습니다. 우리는 이미 세상을 떠난 사람들이나 멀리 떨어져 있는 사람들과 함께 있기를 열망했습니다. 풍작이나 안락한 집을 열망하고 더 강해지거나 더 아름다워지기를 열망했습니다. 더 가족이 많거나 더 가족이 적기를 열망하고, 더 일을 많이 하거나 더 일을 적게 하기를 열망하고, 삶이 더 복잡해지거나 삶이 더 단순해지기를 열망했습니다. 일본의 하이쿠 명인인 마쓰오 바쇼는 오래전에 이렇게 썼습니다. "교토에 있고, 뻐꾸기 소리 들려도, 교토가 그립구나."

이런 현상은 오늘날의 미국인들에게 특히 들어맞습니다. 상업광고가 우리에게 가진 것보다 더 많은 것을 원하라고 주입하기 때문이기도 하지만, 가지고 싶은 것들이 더 많이 흘러넘치기 때문이기도 합니다. 우리는 DVD플레이어, 네팔 트레킹 여행, 렉서스, MBA 등 온갖 것을 욕망합니다. 미국인들은 지난 세기에 걸쳐 더 부유해졌습니다. 하지만 삶의 질이 높아지면서 기대 또한 높아졌고, 우리가 원하는 것과 가지고 있는 것 사이의 격차는 더 커졌습니다.

정신건강과 사회건강의 거의 모든 척도에서 볼 때 우리 사회는 더 가난해졌습니다. 현재 미국은 전 세계에서 인구당 우울증 발병 비율이 가장 높은 나라 중 하나입니다. 테레사 수녀가 미국을 방문했을 때 그녀는 우리가 인도보다 더 심한 가난에 시달리고 있다고 말했습니다. 영적 가난함, 즉 부적절한 것들을 원함으로써 생기는 외로움에서 온 가난함 말입니다.

저의 책『모든 곳의 한가운데The Middle of Everywhere』를 쓰면서 저는 우리의 문화를 더 또렷하게 볼 수 있었습니다. 우리 미국인들은 지구촌 세계에 대해 무지하고 다른 사람들의 곤경에 무관심할 때가 많습니다. 우리는 3루에서 태어났으면서도 자신이 3루타를 친 것이라고 착각합니다. 난민들에 대한 책을 쓰면서 저는 '두 미국'을 왔다 갔다 해야 했습니다. 하나의 미국은 사람들이 고급 커피를 마시고 스테레오 전축을 사는 곳이었고, 다른 하나의 미국은 배를 곯는 아이들과 금방이라도 무너질 듯한 집들이 있는 곳이었습니다. 저는 친구가 신선한 바질을 구할 수 없다며 불평하는 이야기를 들어주고는, 이어서 한 학생이 울음 섞인 목소리로 우크라이나에 있는 사촌들이 생존을 위해 풀을 먹고 있다는 이야기를 들어주었습니다. 알래스카에 유람선 여행을 갔다 온 동료의 근황을 듣고 난 후, 난민 가족을 방문해 그들의 친척들이 가나의 난민수용소에서 굶어 죽어가고 있다는 근황을 듣기도 했습니다.

최근에 텔레비전에서 리얼리티 프로그램을 봤습니다. 그걸 보고 구역질이 났고 분노를 참을 수가 없었습니다. 아마도 난민들이나 빈곤계층에 속한 이들과 함께하다 보니 그 프로그램의 천박함에 특히 더 예민하게 반응한 것 같습니다. 그렇지만 어쨌든 굶어 죽어가는 아이들과 절망적인 사람들로 가득 찬 이 세계에서 미국인들이 '만들어진 고통'을 보면서 이를 오락거리로 삼는다는 것이 정말이지 혐오스럽게 느껴졌습니다. 프로그램의 천박함과 허위의식에 넌더리가 났습니다. 만약 이 프로그램을 만든 사람과 함께 살거나 세계에서 가장 열악한 난민 수용소에서 살거나 둘 중 하나를 택해야 한다면, 저는 기꺼이 난민 수용소에서 사는 것을 택하겠습니다. 최소한, 고통을 겪는 일이나 음식과 쉴 곳을 찾는 일에는 정직한 어떤 면이 있습니다. 절망은 어떤 진실성을 가지고 있습니다.

대부분의 경우, 20세기 초에 태어난 미국인들은 합리적인 기대를 가지고 있습니다. 이들은 대공황 시대에 성인이 되었고, 이들에게 행운이란 신고 다닐 신발이 있고 저녁에 식사를 할 수 있는 걸 의미했습니다. 하지만 제2차 세계대전 이후에 태어난 미국인들 대부분은 자신이 모든 것을 가질 수 있다고 믿으라고 부추김을 당했습니다. 이는 우리를 고통에 빠질 수밖에 없게 만듭니다. 만약, 행복이 전체 욕망 대 충족된 욕망의 비율이 얼마인지에 달려 있다면 무한한 욕망을 가진 사람은 평생 절대 만족할 수 없을 것입니다. 실제로, 오래전에 톨스토이는 부富를 "한 사람이 가지지 않아도 되는 물건의 가짓수"라고 정의했습니다.

)

연구 결과 사람들은 기본적으로 두 가지 유형이 있다고

합니다. 바로 '만족자satisfizers'와 '최대자maximizers'입니다. 최대자는 항상 최고의 선택을 내리고 싶어 하는 사람들입니다. 반면 만족자는 "충분히 괜찮아"라고 말합니다. 만족자는 레스토랑에서의 외식을 느긋하게 즐깁니다. 최대자는 스스로에게 묻습니다. "이곳이 정말 시내에서 가장 좋은 레스토랑일까? 제일 맛있는 음식을 시킨 게 맞나?" 인간이 겪는 고통의 대부분은 95퍼센트의 좋은 삶을 살면서도 나머지 5퍼센트를 달성하려고 할 때 생깁니다.

우리는 결국 추구하는 것을 발견하게 됩니다. 돈을 원하는 사람들은 돈을 얻기 쉽습니다. 향락적 즐거움, 모험 혹은 사랑을 찾는 사람들도 자신이 원하는 것을 찾을 수 있습니다. 유머를 찾는 사람들은 유머를 찾습니다. 골칫거리를 찾는 사람들도 마찬가지입니다. 사람들은 자신이 마음먹은 만큼 행복해집니다. 그레이스 이모는 창가의 흔들의자에 앉아 새들이 모이를 쪼아 먹는 것을 보면서 이렇게 말하곤 했습니다. "나는 내가 원하는 것을 얻지. 하지만 내가 무엇을 원해야 하는지 잘 알고 있단다."

만약 우리의 내담자들이 록스타가 되기를 원하거나, 자녀를 완벽하게 키우기를 원하거나, 마르지 않는 로맨스로 가득 찬 결혼생활을 원한다면, 이들은 실패할 수밖에 없는 운명입니다. 만약 스트레스에서 완벽하게 자유로운 직업을 기대하거나 어른에게 전혀 건방지게 굴지 않는 아이를 기대한다면, 불만족이 자동적으로 뒤따를 수밖에 없습니다. 만족은 자신의 꿈과 합리적인 기대 사이에서 균형을 잡을 수 있을 때 생겨납니다.

'열망하기'의 반대말은 '아름다운 현재를 음미하기'일 것입니다. 요가 선생님이 수업 시간에 외치는 것처럼 말입니다. "자신의 몸을 경험하세요. 자신의 몸을 기억하고 있거나 느끼고 있나요?" 우리 심리치료사들은 내담자들에게 이와 동등한 메시지를 일깨울 수 있습니다. "지금 여기에 존재하십시오."

우리는 내담자들에게 감사한 일을 매일 기록하라고 권유할 수 있습니다. 식전 기도를 올리거나 작은 친절에 고마움을 표현하는 것과 같은 감사의 의례는 삶에 큰 차이를 만들어냅니다. 밤에 잠을 청하는 한 가지 좋은 방법은 하루 동안에 있었던 즐거웠던 일들을 떠올려보는 것입니다. 자신이 누린 행운과 축복을 헤아려보는 것은 정신건강에 좋습니다. 저는 커플들에게 함께 칭찬대회를 열어보라고 권합니다. 어떤 배우자가 상대를 진실하게 더 많이 칭찬하는지 시합하는 것이죠.

자신의 삶을 연대표로 만들어본다면, 대부분의 사람들에게는 행복한 시기와 슬픈 시기가 모두 존재할 것입니다. 특히 종착지를 향해 갈수록 어떤 시간들은 매우 힘이 듭니다. 저는 대체로 운이 좋았습니다. 어린 시절에는 활기 넘치고 마음씨가 고운 사람들로 가득한 가정에서 자랐습니다. 때로는 불운하기도 했지만 말이죠. 좋은 교육을 받았고 재미있는 직업을 가졌습니다. 또한 사랑하는 가족이 있고 모두 건강합니다. 많은 친구들을 사귀고, 재미있는 모험들을 하고, 조용하고 안전한 곳에 집을 장만했습니다. 하지만 다른 모든 사람들의 삶과 마찬가지로 제 삶 또한 슬픔이 늘 함께했습니다.

부모님 두 분 모두 점점 더 고통이 더 심해지는 병에 오랫동안 시달리신 후 돌아가셨습니다. 저의 가장 친한 친구들 중 한 명은 스스로 목숨을 끊었고 다른 한 친구는 뇌종양으로 세상을 떠났습니다. 제 일과 형제자매와 아이들에 대해 걱정을 놓을 수가 없습니다. 또한 저는 삶의 가장 큰 저주 중 하나임에 분명한, 만성 불면증과 평생 싸워왔습니다. 게다가 저는 당면한 임무들에 대해 불안함을 느끼고 저 자신이 부족하다고 느낄 때가 많습니다. 그리고 대부분의 작가들이 그러하듯이 늘 외롭습니다. 또한 때때로 좌절감을 느낍니다. 제가 어떻게 삶을 망쳐버렸는지 그리고 삶이 어떻게 저를 망쳐버렸는지에 대해 생각합니다. 그리고 그럴 때마다 스스로에게 말합니다. "너는 많은 걸 가지고 있어. 아무도 모든 걸 가질 순 없어."

로라, 현재 앤디는 이탈리아에 갈 수 있는 방법이 없습니다. 그렇지만 언젠가 이탈리아에 갈 수 있는 때가 올 것입니다. 그때까지 그의 꿈은 그에게 위안이 되어줄 것입니다. 지긋지긋한 직장에서 하루하루 버텨야 할 때나 힘든 시기를 이겨내야 할 때 꿈은 사람들이 정신력을 잃지 않도록 지켜줍니다. 앤디와 상담을 하면서 이따금씩 이탈리아에 대한 이야기를 꺼내세요. 앤디가 자신의 삶에 낙담해 있을 때 그에게 밤에 곤돌라를 타거나 스칼라 극장 근처에 있는 작은 카페에서 와인을 마시면 어떤 느낌이겠는지 물어보세요.

가을은 진정 열망의 계절입니다. 찬란하게 불타오르는 풍경에 마음을 뺏기면서도 동시에 가을이 지나가고 있고 곧 겨울이 다가온다는 사실을 마음에서 떨칠 수가 없습니다. 우리는 시간을 멈추고 우리의 삶을 끝없는 인디언 서머*로 만들고 싶은 열망에 사로잡힙니다. 하지만 가을의 메시지는 분명합니다. 주어진 것을 받아들이라는 것. 그리고 앞으로 다가오는 시간은 더 혹독할 수도 있다는 것. 시인 에즈라 파운드가 썼듯이 말입니다. "겨울이 오고 있네, 제기랄, 찬미하세."

❖   가을에 한동안 비가 오지 않고 날씨가 따스한 기간.

삶은 우리에게
흔적을 남깁니다

※

11월 23일

저는 지금 한창 추수감사절 준비를 하고 있습니다. 아이들이 모두 집에 올 예정입니다. 우리는 늘 하던 대로 대초원에서 함께 산책을 하고, 보드게임을 하고, 텔레비전으로 영화를 볼 것입니다. 추수감사절은 제가 가장 좋아하는 공휴일입니다. 가족들끼리 벌이는 축제죠. 사소한 일로 말다툼을 하고 때로 신경이 날카로워지기는 해도 말입니다. 한바탕 축제를 벌인 다음 아이들이 모두 각자의 집으로 돌아가고, 그러고 나면 이내 겨울이 찾아올 것입니다.

추수감사절 연휴가 끝나고 나면 당신은 새 지도교수를 만날 거예요. 저는 당신의 다정한 미소와 열성적인 질문들이 많이 그리울 겁니다. 당신에게 이 편지들을 썼던 시간도 그리울 테죠.

삶은 항상 변합니다. 시간은 흘러갑니다. 생각과 감정은 떠올랐다가 사라집니다. 비극이 찾아왔다가 이내 은총과 환희가 한쪽 모퉁이에서 빼꼼 얼굴을 내밉니다. 관계는 활짝 피었다가 이내 시듭니다. 열정은 차다가 이웁니다. 희망은 약해졌다가 가장 어두운 순간에 다시 힘을 회복합니다. 어떤 일이 벌어지든 간에 현재는 다른 무엇이 대신하게 될 것입니다. 그렇기 때문에 불교에서는 집착을 버리라고 말합니다.

결국 제가 정말로 하고 싶은 말은 이것입니다. 사이사이 즐거운 순간들이 있겠지만 대부분의 사람들에게 삶은 힘이 듭니다. 작가 월리스 스테크너는 이렇게 말했습니다. "우리는 삶에 우리의 흔적을 남기고자 하지만 사실은 삶이 우리에게 흔적을 남긴다." 일부 운이 좋은 사람들은 수십 년을 달콤하게 즐기지만, 대부분의 사람들에게 삶의 모든 단계는 적어도 쉽게 흥했던 만큼은 쉽게 쇠합니다. 제가 아는 거의 모든 사람들은 다른 사람들이 생각하는 것보다 훨씬 더 힘들고 복잡한 삶을 살고 있습니다.

부언컨대, 이런 깨달음 덕분에 저는 괴짜들과 성격이 나쁜 사람들을 견딜 수 있습니다. 점원이 제게 잔소리를 할 때나 운전자가 경적을 울리며 제게 삿대질을 할 때, 저는 스스로에게 말합니다. "저 사람이 지금 뭘 견디고 있는지 누가 알겠어? 죽어가는 가족이 있을지도 몰라. 아니면 파산선고를 하기 직전이거나 사랑을 바랐던 사람에게서 방금 차였을 수도 있어."

유년기는 오직 회고할 때에만 이상적으로 느껴집니다. 아이들 또한 어른들만큼이나 복잡한 삶을 꾸역꾸역 살아가고 있습니다. 사춘기는 고문과도 같고 청년기는 분노로 폭발할 것만 같고 어른으로서의 삶은 갖가지 문제들로 골치가 아픕니다. 사람들은 결혼을 하거나 하지 않습니다. 그들의 아이들은 자라거나 또는 자라지 않습니다. 사람들은 늙어가거나 늙어가지 않습니다. 노년은 욥Job◆의 인내심을 요합니다. 그만큼 길게 산다면 말입니다. 생존하기 위해서 우리 모두는 상처 입은 마음을 안고서 세상을 살아가는 법을 배워야만 합니다.

제 아버지의 삶은 이를 잘 보여주는 사례입니다. 아버지는 1916년에 오자크 산맥에서 태어났습니다. 아버지가 아직 어렸을 때 할아버지에게 중증 정신질환이 발병했고 할아버지는 남은 생애 동안 평생을 보호시설에서 보내야 했습니다. 아버지의 가족은 순식간에 사회적 지위와 부를 잃고 비참한 빈곤의 나락으로 굴러 떨어졌습니다. 그들은 숲속에 있는 오두막집에 살면서 다람쥐와 거북이를 잡아먹으며 목숨을 이어야 했습니다. 그나마 잡히기라도 하면 말이죠. 그 후 제2차 세계대전 동안 아버지는 위생병으로 참전해 오키나와와 필리핀에서 참혹한 광경을 수없이 목격했습니다.

◆ 가혹한 시련을 견뎌내고 믿음을 굳게 지킨 인물로 알려진, 구약성경 『욥기』의 주인공.

어른이 되고 난 후 내내 아버지는 자신의 자리를 찾아 분투했습니다. 가정주부란 하는 일 없이 집에서 밥만 축내는 것이라고 여겨지던 시절에 아버지는 가사와 육아를 전담했습니다. 벼락부자가 되기 위한 아버지의 많은 계획은 모조리 실패했습니다. 1960년대에 십대 자녀들은 사회운동을 하면서 아버지를 크게 낙담시켰습니다. 쉰 살에 아버지는 심신을 약화시키는 발작을 겪었습니다. 이후 발작이 거듭된 끝에 시력을 잃고 불구가 된 채 예순다섯 살의 나이로 세상을 떠났습니다.

하지만 아버지의 이야기를 완전히 다르게 들려줄 수도 있습니다. 아버지는 잘생기고, 유쾌하고, 인기가 많은 남성이었습니다. 또한 고등학교 농구부 스타였습니다. 아버지의 어머니와 여동생들은 아버지를 맹목적으로 사랑했고 아버지는 자신이 열렬히 사랑하던 여자와 결혼하여 죽을 때까지 서로 사랑했습니다. 아버지는 낚시를 즐겼고, 전 세계를 여행했고, 다양한 취미를 섭렵했습니다. 아버지의 이야기는 다른 많은 이들의 삶보다 더 슬프지 않습니다. 아버지는 자신의 삶을 살았습니다.

⟩

남아프리카공화국에서 희망봉을 보고 그 풍경에 넋을 잃었습니다. 이곳은 파도가 사납게 치는 차가운 대서양이 평화롭고 따뜻한 인도양과 만나는 곳입니다. 이 아름다운 곳은 '폭풍의 곶'이라고도 알려져 있습니다. 거친 파도의 높은 물봉우리가 절로 상상이 됩니다. 이곳이 대서양이 인도양과 충돌하는 곳이라는 사실을 알려주는 신호죠. 파도 위에서 부서지는 새하얀 포말, 바로 거기에 인간의 삶이 있습니다.

　　우리 모두는 서로 다르기보다 서로 비슷합니다. 결국 우리 모두는 같은 것들을 원합니다. 저의 책『또 다른 나라』에서 제가 '5R'로 표현했던 것들이죠. 식량과 주거지와 같은 기본적인 요소들을 넘어서(그렇다고 5R이 덜 기본적이라는 말은 아닙니다), 우리 모두는 존중respect, 휴식relaxation, 관계relationships, 결실results, 그리고 실현realization을 원합니다. 존중과 휴식은 따로 설명할 필요가 없을 것입니다. 관계는 우리가 사랑하고 사랑받기를 원한다는 뜻입니다. 또한 결실은 우리가 일을 잘 해내기를 열망한다는 뜻이죠. 우리는 잘 살기를 원하고 자신의 삶이 중요하기를 바랍니다. 실현은 자신의 잠재력을 달성하는 것을 가리킵니다. 인류학자 마거릿 미드는 이상적인 사회는 모든 인간 하나하나가 자신의 재능을 발휘할 수 있는 곳이라고 했습니다. 이상적인 삶은 이런 재능을 발전시켜 다른 사람들을 위해 발휘하는 삶입니다. 물론 우리 모두 자신만의 신경증, 약점, 치명적인 급소를 가지고 있습니다. 우리 모두는 셰익스피어의 비극적 영웅인 동시에 어릿광대입니다.

　　그렇지만, 역설적으로 들릴지 모르겠지만 저는 심리치료사로 일하며 인간이 저지르는 온갖 잔인한 짓과 바보 같은 짓을 목격하면서도 한편으로 어린 시절부터 가져온 믿음이 새삼 강화되는 것을 느낍니다. '대부분의 사람들은 기본적으로 괜찮은 사람들이다'라는 믿음 말입니다. 제 내담자 헬가가 생각나는군요. 헬가는 중년의 체코 여성으로 집의 지하실에서 돼지를 도축하여 생계를 꾸립니다. 그녀는 대형냉장고를 '아이스박스'라고, 차고를 '자동차 헛간'이라고 부릅니다. 그녀는 어릴 적에 아버지에게 신체적으로 학대를 당했고 학창시절에는 뚱뚱하고 가난하다는 이유로 또래들에게 괴롭힘을 당했습니다. 그녀는 농부와 결혼했는데 그녀보다 훨씬 더 지능이 떨어지는 남자였습니다. 게다가 그는 얼마 안 있어 중병에 걸렸습니다. 헬가는 아이들을 키우고, 남편을 돌보고, 모든 집안일을 다 하면서 공장에서 일하고, 농장을 운영하고, 대학 통신교육과정을 이수했습니다. 그녀가 상담실을 찾은 이유는 남편 때문이었습니다. 남편은 그녀의 지성에 위협감을 느껴 그녀가 대학 공부를 그만두기를 바랐습니다. 하지만 헬가는 대학교육을 마쳐야 한다고 생각했습니다. 남편이 세상을 떠나고 나면 가족을 부양할 수 있도록 준비를 하기 위해서 말이죠. 더욱이 그녀는 학교를 몹시 사랑했습니다. 그녀는 낮은 목소리로 경건하게 '대학'이라고 발음했습니다. 헬가와 이야기를 나누면서 평범한 사람들의 용기에 대해 다시 한 번 깊은 존경심을 느꼈습니다. 이들은 매일 아침 일어나서 자신이 해야 할 일을 하는 사람들입니다.

심리치료사들이 질병, 죽음, 집단 괴롭힘, 재정 파탄, 비열한 동료들, 화해하려 하지 않는 친척 같은 문제들을 모조리 제거해줄 수는 없습니다. 하지만 그렇다고 해서 우리가 속수무책인 것도 아닙니다. 우리는 사람들에게 "그렇습니다. 삶은 힘이 듭니다. 하지만 당신은 적절한 자원과 지혜의 도움을 받을 수 있습니다"라고 말해줄 수 있습니다. 또한 그들의 이야기들을 재구성하거나 혹은 그들이 더 신중한 결정을 내리도록 도울 수 있습니다. 저녁노을을 보거나 아기를 안거나 미루나무 밑에서 춤을 추라고 권할 수도 있습니다. 부처는 "삶은 고행이다"라고 말했지만 삶이 비천하다고 말하지는 않았습니다. 우리가 할 수 있는 일은 사람들이 고행을 타인에 대한 공감과 지혜로 승화시키게 도와주는 일입니다.

우리 심리치료사들은 그다지 특별하지 않은 사람들입니다. 하지만 우리는 매우 오래된 아름다운 생각과 연결되어 있습니다. 태초 이래, 인간은 항상 샤먼, 민간 치료사, 부족의 치유자를 필요로 해왔습니다. 인간은 서로에게 자기 안의 악마를 퇴치하게 도와달라고 간청했습니다. 태초부터 인간은 늘 같은 질문들을 던져왔습니다. "나는 안전한가?", "나는 중요한가?", "나는 죄를 용서받았는가?", "나는 사랑받고 있는가?"

물론 우리 분야에서도 많은 실수가 있었고, 어떤 실수들은 처참했습니다. 그렇지만 타인의 관점 이해하기, 인간의 고통 완화하기, 사람들 사이의 관계 강화하기 등 우리는 고결한 목표를 가지고 있습니다. 우리는 온갖 소란과 영광이 함께하는 우주의 복잡성을 존중하려 최선을 다합니다. 음악가 그레그 브라운은 삶을 "잘 익은 멜론을 주먹으로 내려치는 것"에 비유했습니다. 엄청나게 달콤하면서도 한편으로 형편없이 엉망진창이란 이야기죠. '영적 행동주의Spiritual Activism'의 원칙들 중 하나는 "자기 자신을 세상의 고통으로부터 격리하지 말라"입니다. 이 원칙은 "우리가 세상의 고통에 자신의 마음을 열 때, 우리는 세상을 치유하는 약이 될 수 있다"라는 뜻입니다. 이 책을 쓰면서 저는 심리치료사로 일하는 것이 제게 있어서 단순히 생계를 유지하는 수단을 넘어서 저 자신의 삶을 일구어나가는 것 그 자체라는 사실을 깨달았습니다. 간단히 말해서, 심리상담은 다른 사람에게 관심을 기울이는 하나의 방식, 가장 순수한 형태의 사랑이죠.

로라, 우리가 하고 있는 일보다 더 좋은 일은 없습니다. 당신이 1년에 걸쳐 꽃봉오리를 맺고 만개하는 모습을 지켜보는 일은 제게 커다란 즐거움이었습니다. 당신은 훌륭한 심리치료사가 될 겁니다. 우리의 세계에 온 것을 환영합니다.

※

2016년 개정판 출간에 부쳐

『나는 심리치료사입니다』가 출간된 지 12년이 지났습니다. 12년이 지나 다시 책을 들춰보면서 저는 깜짝 놀라는 한편 무척 행복했습니다. 몇 가지 바로잡아야 할 실수들이 있긴 했지만 저의 입장은 이 책을 처음 펴낸 이후로 거의 변하지 않았습니다. 심리치료사가 하는 일에 대해 제가 말한 것들 중 많은 부분은 세월이 흘렀어도 거의 변치 않은 것처럼 보입니다. 본질적으로 인류는 1만 년 전에 가졌던 것과 똑같은 욕구와 욕망을 가지고 있습니다. 우리 모두는 다른 사람들에게 이해받고, 존중받고, 사랑받기를 원합니다. 우리는 행복해지고 싶고 쓸모 있는 존재가 되고 싶습니다. 무엇보다 다른 사람들 눈에는 운이 좋은 사람처럼 보일지 몰라도, 우리 모두는 어떤 식으로든 고통을 겪고 있습니다.

물론, 우리는 자신이 속해 있는 문화권에 크게 영향을 받고, 우리의 문화는 지난 12년 동안 매우 큰 변화를 겪었습니다. 요즘 사람들은 2003년보다 돈에 대해 걱정을 더 많이 합니다. 학자금 대출 부채는 더 많아졌고, 인문학과 사회과학을 전공한 대학 졸업자들은 직장을 찾기가 더 힘들어졌습니다. 게다가 미국 전체 초등학생 중 절반 이상이 빈곤선*에 못 미치는 삶을 살고 있습니다.

새로운 과학기술들은 평범한 시민들의 삶을 더 복잡하고 힘들게 만들었습니다. 대학교 학생회관이나 커피숍, 도시의 공원 같은 공공장소에서 사람들은 항상 전자기기를 들여다보고 있습니다. 우리는 매 순간 기계들에 연결되어 있고, 그렇기 때문에 항상 멀티태스킹을 하고, 늘 산만하고 조급하고, 매분 매초 무언가를 하고 있습니다. 또한 인류 역사상 처음으로 다른 사람들과 함께 있지 않으면서도 서로 많은 상호작용을 할 수 있게 됐습니다. 우리는 갖가지 매체를 통해 친구들, 가족들과 항상 접촉하고 있지만 이런 피상적인 접촉 때문에 서로 얼굴을 마주하거나 서로를 다정하게 어루만질 기회는 더 적어지고 있습니다.

또한 정보망의 강화로 세상이 온갖 위험, 악, 위기로 가득 차 있다는 사실을 여러 매체를 통해 늘 상기할 수밖에 없습니다. 우리는 너무 많은 정보, 너무 많은 선택, 지나친 복잡함에 무차별적인 폭격을 당하고 있습니다. 우리는 포유류의 각성계

◆　최저한도의 생활을 유지하는 데 필요한 수입 수준.

와 신석기시대의 두뇌와 중세의 제도를 가진 채로 21세기 테크놀로지와 커뮤니케이션의 현기증 나는 속도에 적응해야만 합니다. 긴장을 풀고 속도를 늦추기가 어렵습니다. 현대의 문화는 우리 모두를 약간 미치게 만들고 있습니다.

이런저런 두려움 때문에 우리는 중독, 충동, 무기력, 불안 등의 공격에 더 취약해졌습니다. 많은 사람들이 세상의 고통에 무감각해지기 위해서 쇼핑을 하고 폭식을 하고 약물을 복용합니다. 몸은 늘 긴장해 있고 깊고 편안한 수면을 누리지 못합니다. 그리고 경험의 많은 부분은 내면에서 처리하거나 밖으로 말하지 않은 채 그냥 내버려둡니다. 생기가 넘치고 여러 부분이 잘 통합되어 있는 사람이 되기는 더 어려워졌습니다.

심리치료사들은 제가 '문화 질병culturally created illness'이라고 이름 붙인 문제를 내담자 내면에 원래부터 존재하는 문제로 간주하는 경향이 있습니다. 이러면 트라우마에 대한 정상 반응을 질병으로 진단 내릴 위험이 있습니다. 가령, 우리가 현재 살아가고 있는 세상을 보면 미래에 대한 불안을 느끼지 않는 것이 오히려 더 이상할 정도입니다. 최근에 만난 제 치과의사는 30년 동안 진료를 하면서 환자들 중 약 5분의 1이 밤중에 이를 가는 문제로 치과를 찾았다고 했습니다. 그런데 요즘 이 비율이 갑자기 훨씬 더 높아졌고 문제가 없던 사람들도 이 증상을 새로이 겪고 있다고 했습니다. 그녀와 나는 아마도 스트레스가 심한 시대를 사느라 생긴 증상일 것이라고 의견을 모았습니다.

우리는 내담자들과 만날 때 이 시대에서 비롯된 온갖 압박을 반드시 염두에 두어야 합니다. 내담자들은 자신의 개인적 문제들을 더 큰 맥락 속에서 살펴볼 수 있어야 합니다. 우리는 내담자들에게 주어진 정보를 어떤 식으로 필터링하는지, 충격적인 사건들에 대해 알게 된 후 어떤 식으로 마음을 진정시키는지 물어야 합니다. 또한 매일매일 고통에 대한 불안한 뉴스들을 접할 수밖에 없는 문화 속에서 어떤 식으로 현실에 뿌리를 내리고 있는지 물어야 합니다. 우리는 내담자들에게 우리 모두의 주변에 항상 존재하는 '오래됨' 그리고 '아름다움'과 연결되는 방법을 알려줄 수 있습니다.

심리치료 분야는 21세기에 커다란 발전을 이루었습니다. 우리는 커플들, 경계선 인격장애를 가진 내담자들, 트라우마 피해자들, 강박충동장애를 가진 사람들에 대해 훨씬 더 나은 계획을 세울 수 있게 됐고, 많은 연구에 근거한 치료법들을 새로이 가지게 됐습니다. 또한 두뇌가 어떤 식으로 작동하는지에 대해 더 많이 알게 되었습니다. 심리치료사들은 '마음챙김 mindfulness'으로부터 많은 기법들을 차용했습니다. 요가와 명상,

호흡과 신체에 집중하는 여러 방법들은 심리치료사와 내담자들 모두가 속도를 늦추고 현재의 순간에 더 연결되어 있다고 느끼도록 도왔습니다.

그렇지만 한편으로 우리 분야는 새로운 문제들에 맞닥뜨리고 있습니다. 심리치료의 본질은 심리치료사와 내담자, 둘의 관계의 존엄함에 있습니다. 한 사람이 다른 사람과 조용하고 안전한 장소에서 힘을 합쳐 서로 간의 관계와 내담자의 상황을 모색하고 탐색합니다. 심리치료를 보호해왔던 모든 요소들 — 사생활 보호, 생각과 감정을 진심으로 탐색할 시간, 논의를 위한 조심스러운 관심, 방해 요소의 부재 등 — 은 이들의 관계를 고유하고 의미 있게 만드는 요소들입니다.

최근까지 심리치료사들과 내담자들은 상담실에서 만나기 전까지 서로에 대해 거의 아무것도 알지 못했습니다. 하지만 이제 페이스북, 블로그, 웹사이트, 휴대폰 문자메시지, 이메일, 전자기기들은 심리치료에 참여하는 사람들 사이의 많은 연결을 중개할 수 있습니다. 그리고 이는 관계의 본질을 변화시키고 있습니다. 이메일이나 문자메시지를 통한 치료적 개입이 안전한 공간에서 시간을 들여 신중한 대화를 나누는 것과 같을 수는 없습니다.

치료비에 관련된 문제 또한 심각합니다. 치료비를 지급하는 요건으로 보험회사는 내담자가 중대한 정신건강적 문제들을 앓고 있다는 증거를 아주 많이 요구합니다. 이는 심리치료사가 내담자의 비밀 정보를 보험회사와 공유해야 한다는 사실을 의미합니다. 그래야만 내담자가 상담실을 방문하는 비용을 감당할 수 있는 거죠. 내담자도 심리치료사도 이런 모든 정보가 어디로 흘러가는지, 얼마나 오랫동안 보관되는지 알 수 없습니다.

또한 보험회사는 임상진단을 요구합니다(제가 상담을 하던 시기에도 대개 그랬습니다. 저는 당시 이제는 존재하지 않는 진단명을 이용했습니다. '성인기 적응 반응.' 이 진단명은 거의 모든 증상을 포함시킬 수 있었습니다). 상담실을 찾는 사람들은 단순히 일상생활에서 일반적인 위기들을 겪고 있는 경우가 많습니다. 특히 심리치료를 받는 아동들은 정상적인 발달상의 문제를 겪고 있을 가능성이 높습니다. 하지만 진단을 내리는 순간 이들은 수년 동안 따라다니게 될 병리학적 꼬리표를 달게 됩니다. 우리 분야는 깨끗한 기록과 프라이버시에 대한 내담자들의 바람을 충분히 보호하지 못했습니다.

)

2003년 『나는 심리치료사입니다』가 출간된 이후, 점점 더 많은 정신과의사들과 심리치료사들이 약물치료를 치료법의 수단으로 사용하고 있습니다. 현재 제약회사들은 향정신성의 약품을 텔레비전에서 광고할 수 있고, 많은 내담자들은 알약이 자신들의 문제에 도움이 될 것이라고 기대하고 약물을 처방해달라고 요구합니다. 정신과의사들 또한 우울증, 불안장애, 수면장애, 과잉행동장애 등의 문제에 약물을 처방하라고 대형 제약회사들로부터 부추김을 받습니다.

아동들에게 처방되는 약물이 증가하고 있는 현상은 특히 걱정스럽습니다. 요즘 많은 아동들이 양극성 정동장애나 주의력결핍 과잉행동장애ADHD로 진단받고 그에 따른 약물치료를 받습니다. 하지만 이런 약물치료가 필요하지 않은 경우가 매우 많습니다. 사실 아이들의 문제는 심리치료사가 아이의 부모와 협력하거나, 아이가 조부모와 시간을 더 많이 보내는 방법으로 가장 잘 개선될 수 있습니다. 또한 대부분의 아이들은 스크린 앞에서 시간을 덜 보내고, 자기표현과 놀이를 위한 기회를 더 많이 누리고, 더 다양한 방식으로 야외에서 활동을 많이 하면 증상이 나아집니다. 요즘 아이들은 대부분 커다란 압박을 받고 있고 그중 많은 아이들이 심각한 스트레스 증상을 보입니다. 아이들을 돕는 가장 좋은 방법 중 하나는 부모가 아이의 삶을 더 차분하고, 더 단순하고, 덜 빽빽하고, 더 재미있게 만드는 것입니다.

제 첫 손녀인 케이트는 제가 이 책을 집필하던 당시 갓난아기였습니다. 이제 케이트는 열세 살이고 제게는 네 명의 손자가 더 생겼습니다. 저는 아이들에게서 친절함, 민감함, 재미를 찾는 능력을 볼 때마다 매우 놀랍고 기쁩니다. 힘든 하루를 보낸 후 저는 아기를 어르거나 여섯 살짜리 아이와 도미노 게임을 합니다. 그리고 이런 경험을 통해 활기를 되찾습니다.

많은 부모들이 직장과 가정의 온갖 요구 사항들을 해결하느라 얼마나 힘들게 지내고 있는지 잘 알고 있습니다. 우리는 가정을 무너뜨리는 문화 속에서 살고 있습니다. 좋은 부모들은 유해한 미디어, 과도한 테크놀로지, 시간 부족, 소비주의에 맞서서 분투해야 합니다. 이 점에 있어서 저는 모든 장애물에도 불구하고 튼튼한 가정을 꾸리기 위해 최선을 다하는 부모들을 더 많이 칭찬하고 싶습니다. 전자기기를 끈 채로 가족끼리 함께 보내는 시간—야외 활동, 함께 요리하는 시간, 농산물 직판장이나 농장으로 나들이 가는 일은 모든 가족들에게 도움이 됩니다. 농장에서 아이들은 직접 사과와 호박, 라즈베리, 깍지완두를 수확할 수 있습니다. 또한 항상 그래왔듯이, 저는 부모들에게 일주일에 한 번 저녁식사를 함께하는 공동체를 찾으라고 권할 것입니다. 이런 공동체는 아이들이 변화에 잘 적응하고 건강하게 자라도록 도와줍니다.

만약 오늘날 제가 심리치료사로 일한다면 제 심리치료 스타일에 조금 변화를 줄 것 같습니다. 가령, 상담이 시작할 때와 끝날 때 내담자에게 잠시 동안 함께 조용히 앉아 있자고 권하고 싶습니다. 이런 고요한 시간을 통해 내담자는 상담실에서 안전하게 보호받고 있다는 느낌을 좀 더 강하게 받을 것입니다. 상담을 시작하기 전에는 긴장을 풀고 정신을 집중하는 시간을 가질 수 있을 것이고, 끝날 무렵에는 심리치료사와 내담자 모두가 상담 내용을 더 깊은 수준으로 통합시키는 데 도움이 될 것입니다. 또한 저는 어떤 내담자에게는 2주일에 한 번씩 만나자고 하면서 저를 만나지 않는 주에는 대신 마사지를 받으라고 권할 것입니다. 건강한 정신은 편안하고 고통 없는 신체에 크게 영향을 받는다는 사실을 알기 때문입니다.

저는 그저 누워서 하늘을 쳐다보는 일이 얼마나 치료 효과가 큰지 개인적인 경험을 통해 알고 있습니다. 특히 밤하늘은 치유 효과가 큽니다. 밤하늘의 반짝이는 별들을 보고 있으면 마음이 차분하게 가라앉으면서, 우주 속에서 자신의 자리를 이해하게 되고, 하루의 사건들을 넓은 시선으로 볼 수 있게 됩니다. 나이가 들수록 자연의 치유 효과가 점점 더 크게 느껴집니다. 저는 커피 한잔을 마시면서 해돋이를 보는 것으로 하루를 시작할 때가 많은데, 큰 수리부엉이의 울음소리를 듣거나 여우가 날쌔게 달려가는 모습을 보면 기운이 차오르곤 합니다.

)

지난 몇 년 동안, 바쁘게 사는 동시에 차분하고 행복한 상태를 유지하는 일은 더욱더 어려워졌습니다. 저는 최신 정보를 알고 싶은 욕구와 자기를 보호하고자 하는 욕구 사이에서 균형을 잡으려고 애씁니다. 또한 걱정스러운 정보에 대해 보일 수 있는 심리적으로 가장 건강한 반응은 '직접 행동을 취하는 것'이라는 사실을 잊지 않으려고 애씁니다.

예를 들어, 대부분의 사람들은 기후 변화에 매우 스트레스를 받고 있습니다. 우리는 지구에서의 삶이 점점 피폐해지는 것을 목도하고 있고 이는 우리에게 원초적인 공포를 야기합니다. 하지만 무엇을 해야 할지 잘 모른 채 뉴스에 압도되기 때문에 우리는 문제를 부정하거나, 정신적으로 마비되거나, 아예 문제를 외면하는 식으로 반응합니다. 저는 행동주의가 정신건강에 매우 중요하다고 생각합니다. 두뇌는 희망에 차 있을 때 가장 잘 기능합니다. 희망이 있는 것처럼 행동하면 실제로 희망이 생깁니다. 비극적인 기후 변화를 피할 수 있을지 없을지는 모르지만 최소한 절망에 굴복하는 것을 피할 수는 있습니다.

또한 저는 제가 '초월 반응transcendent response'이라고 이름 붙인, 트라우마에 대한 특정한 반응을 이해하게 되었습니다. 감당하기에 너무 거대한 어떤 일이 우리에게 벌어지면 우리가 보일 수 있는 유일한 건강한 반응은 더 성장하는 것뿐입니다. 우리는 이런 초월 반응을 어디에서나 볼 수 있습니다. 음주 운전자에게 아이를 잃은 부모들은 길거리를 더 안전하게 만드는 일에 남은 생애를 모두 바칩니다. 간경변으로 죽어가는 한 아버지는 태어나서 처음으로 가족들에게 친절과 헌신을 베풉니다. 자연재해가 일어나면 평범한 사람들은 위기에 용감히 맞서고 서로를 돕고 영적으로 성장하는 방법으로 생존을 쟁취합니다. 만약 제가 오늘날 심리상담을 한다면 초월 반응이라는 개념을 이용해 트라우마를 입은 내담자들을 도울 것입니다.

오늘날, 심리치료사로서 우리의 임무는 프로이트, 버지니아 사티어, 칼 로저스, 에이브러햄 매슬로가 일하던 시대와 하나도 달라지지 않았습니다. 우리는 내담자들이 가능한 한 계획적으로 선택을 하고, 최대한 친절하고, 활기차고, 진실하고, 적극적이기를 바랍니다. 정신과의사 프랭크 피트먼은 심리치료사의 일이 "사람들이 자신의 영혼을 성장시키도록 돕는 일"이라고 말했습니다. 그 과정에서 우리는 내담자들이 자신의 도덕적 상상력을 확장시키도록 도울 수 있고 우리 또한 공감능력과 다양한 관점들에 대한 수용능력을 키울 수 있습니다.

저는 여러분이 상담을 하면서 마주치는 평범한 문제들에 이 책이 도움이 되기를 희망합니다. 이 책을 통해 심리치료사가 어떤 존재가 될 수 있는지에 대해 여러분의 인식이 조금이나마 넓어진다면 그보다 영광스러운 일은 없을 것 같습니다. 우리의 일은 세상에서 가장 흥미롭고 가장 어려운 일 중 하나입니다. 저는 제가 심리치료사로 살아온 것을 자랑스럽게 생각합니다. 스스로 심리치료사가 되기로 결정한 여러분 모두를 축하합니다. 여러분이 이 훌륭한 분야에서 계속 앞으로 잘 나아갈 수 있기를 진심으로 기원합니다.

링컨, 네브래스카주

2015년 9월

옮긴이 **안진희**

중앙대학교 영어영문학과를 졸업하고 영화 홍보마케팅 분야에서 일하며 다양한 영화를 홍보했다. 현재는 프리랜서로 일하며 책을 기획하고 번역한다. 사람들의 마음을 움직이는 책에 관심이 많다.『아무도 기억하지 않는』『핑크와 블루를 넘어서』『우주의 지도를 그리다』『무너지는 부모들』『히든 피겨스』『페이스북 심리학』『소년의 심리학』『부모의 자존감』『아이와의 기싸움』『내 어깨 위 고양이, Bob』등 40여 권의 영어책을 우리말로 옮겼다.

나는 심리치료사입니다

초판 1쇄   2019년 4월 25일
초판 6쇄   2024년 5월 20일

지은이   메리 파이퍼
옮긴이   안진희
편집   이재현, 조소정, 김아영
제작   세걸음

펴낸곳   위고
출판등록   2012년 10월 29일 제406-2012-000115
주소   경기도 파주시 돌곶이길 180 38 1층
전화   031-946-9276
팩스   031-946-9277

hugo@hugobooks.co.kr
hugobooks.co.kr

ISBN 979-11-86602-45-4 03180

심리치료사들은 작고 불편한 방에 앉아서 하루에 여덟 시간씩 사람들의 이야기를 듣습니다. 한 사람이 이야기를 하고 나가면 또 다른 사람이 들어와 무관심한 배우자, 성질 못된 십대 자녀, 만사를 자기 뜻대로 하려는 상사에 대해 하소연을 합니다. 우리에게 인간에 대한 지속적인 호기심이 없다면, 매시간 그런 대화를 나누는 일은 힘겹고 지루할 수밖에 없을 것입니다. 이 일을 좋아하는 심리치료사들은 사람들이 곤경에 처하고 또 그 곤경에서 빠져나오는 엄청나게 다양한 방식들에 매료되곤 합니다. 사람들은 지칠 대로 지쳤을 때 심리치료사를 방문합니다. 우리가 하는 일의 많은 부분은 희망에 관한 것입니다.

상담실로 걸어 들어오는 사람들은 우리들 모두와 크게 다르지 않습니다. 우리 모두는 우리 자신의 인간성으로부터 도망치려 합니다. 얼버무리고 거드름을 피웁니다. 우리는 자신이 얼마나 약하다고 느끼는지 인정하기를 두려워합니다. 자신의 결점들을 감추려 애씁니다. 그렇지만, 우리는 어떻게 해야 인간으로 존재할 수 있는지를 계속 반복해서 배워야 합니다.

유년기는 오직 회고할 때에만 이상적으로 느껴집니다. 아이들 또한 어른들만큼이나 복잡한 삶을 꾸역꾸역 살아가고 있습니다. 사춘기는 고문과도 같고 청년기는 분노로 폭발할 것만 같고 어른으로서의 삶은 갖가지 문제들로 골치가 아픕니다. 사람들은 결혼을 하거나 하지 않습니다. 그들의 아이들은 자라거나 또는 자라지 않습니다. 사람들은 늙어가거나 늙어가지 않습니다. 생존하기 위해서 우리 모두는 상처 입은 마음을 안고서 세상을 살아가는 법을 배워야만 합니다.